L'ORACLE

Magick Soul

MAGIE INTÉRIEURE
SHADOW WORK
DIVINATION

EVE KORRIGAN

Éditions
CONTRE-DIRES

Création et textes : ©Eve Korrigan.
Illustrations : ©Eve Korrigan.
Design et maquettes : ©Eve Korrigan.

ISBN : 978-2-84933-942-8

www.editions-tredaniel.com
info@guytredaniel.fr
www.facebook.com/tredanieleso
@tredaniel_eso

Cet oracle et son livre d'accompagnement n'ont pas été créés par l'IA. **HUMAN MADE**.

PRÉCAUTIONS

Si tu rencontres des difficultés dans ta vie sans parvenir à y faire face, tu es invité à te faire accompagner par un professionnel de la santé.

Cher lecteur,
Que cet oracle puisse t'accompagner
pour réveiller ta puissante
magie intérieure.
Celle capable de manifester tes désirs.
Celle qui saura enchanter ton âme
afin d'être en harmonie
avec tes plus chères aspirations.

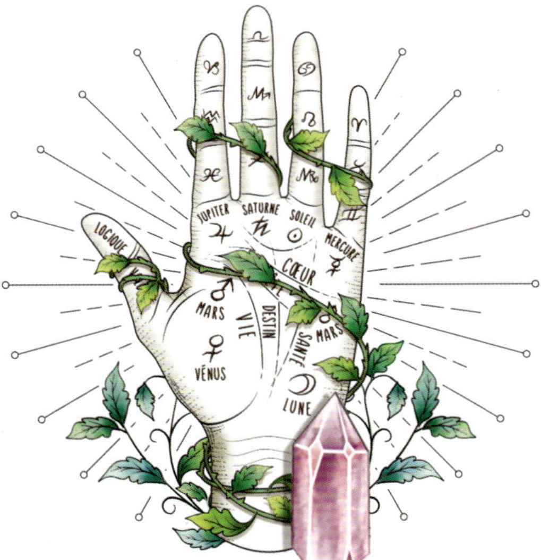

LOGIQUE
JUPITER
SATURNE
SOLEIL
MERCURE
CŒUR
MARS
VIE
DESTIN
SANTÉ
MARS
VÉNUS
LUNE

Sommaire

INTRODUCTION

UTILISER L'ORACLE

LES TIRAGES

LES CARTES PSYCHIC MAGICK

LES CARTES DES SABBATS - LES POUVOIRS

LES CARTES DES PHASES DE LA LUNE - LES RYTHMES

LES CARTES DIVINATOIRES - ÉNERGIES ET DEVENIR

INTRODUCTION

Bienvenue

Tout est énergie. De ta pensée à tes actes, en passant par tes émotions, tu crées de l'énergie et tu la manipules quotidiennement... sans t'en rendre compte.
Tu es une âme magique, une *Magick Soul*, avec un potentiel incroyable.
Tu es un magicien ou une magicienne qui s'ignore peut-être.

Tu es probablement toi-même parfois un peu perdu, démuni face aux expériences que tu vis, peut-être même sans en comprendre les raisons et leurs origines.
Tu es probablement en quête de ressources intérieures pour façonner ton existence afin qu'elle corresponde bien mieux à ce que tu souhaites vivre.
Tu aimerais, peut-être, réussir à provoquer les changements qui te seront bénéfiques, malgré tes résistances, ou simplement apprendre à amplifier et à maîtriser ta magie intérieure.
Bienvenue à toi, cet oracle t'est destiné !

Avec cet oracle, tu pourras notamment :
• Identifier les énergies présentes dans ta vie et celles que tu crées.
• Identifier tes blocages et trouver tes ressources intérieures.
• Apprendre à te connaître pour maîtriser les énergies que tu crées en explorant ta part d'ombre – *Shadow work* – et en conscientisant tes pensées, tes désirs et bien plus encore.
• Répondre à tes questions, quel qu'en soit le domaine.

La Magie est avant tout un état d'être. Un état intérieur que j'appelle : la ***Psychic Magick***.

La ***Psychic Magick*** est accessible à tous, que tu pratiques la magie ou la sorcellerie ou que tu ne la pratiques pas. Que la magie ou la sorcellerie suscitent ton intérêt ou pas, tu trouveras dans cet oracle les clés pour avancer sereinement sur ton chemin de vie. En effet, tu n'as pas besoin de t'y connaître en pratiques magiques et sorcières pour utiliser cet oracle.

Depuis 2015, sur les réseaux sociaux au travers de mes guidances, de mes méthodes de tirages et des événements participatifs que je propose, et avec mes oracles déjà parus aux éditions Contre-Dires (notamment *Le petit Oracle de Merlin l'Enchanteur, le petit Oracle du Druide, le petit Oracle de la Création* et *le petit Oracle Grimoire de Magie*), je partage avec toi quelques clés de la ***Psychic Magick***.
Avec cet oracle, je voulais aller plus loin en te livrant les fondamentaux de la ***Psychic Magick***.

Avec la ***Psychic Magick***, je te propose de conscientiser les énergies que tu crées dans ta vie afin de les maîtriser pour créer la plus jolie des suites de ton histoire parmi toutes celles possibles. Une suite qui saura enchanter ton âme et être en harmonie avec tes plus chères aspirations.

Que cet oracle puisse te livrer les outils qui te permettent de réveiller tes pouvoirs afin d'utiliser ta magie intérieure pour créer ta vie rêvée.

Eve Korrigan

La Psychic Magick

Depuis quelques années, on s'intéresse beaucoup à la pratique de la magie et de la sorcellerie. De très nombreux ouvrages enseignent les bases de ces pratiques et proposent des rituels, des sortilèges, des enchantements pour matérialiser nos souhaits dans notre réalité.
Trop peu d'ouvrages font référence à l'état d'esprit et au processus intérieur du magicien et de la sorcière afin que les sorts et les enchantements puissent être efficaces.

Pourtant, cet état intérieur est si indispensable qu'il se suffit bien souvent à lui-même.

Les énergies extérieures, celles des herbes, des pierres et des cristaux, des symboles, des objets utilisés en magie, ainsi que la ritualisation, sont utilisées afin de soutenir et sublimer notre magie intérieure. Les énergies de l'univers et celles de notre Terre s'harmonisent alors avec nos propres énergies, celles qui vivent en nous et celles que l'on crée par nos choix, nos comportements et nos interactions avec le monde.

La ***Psychic Magick*** s'intéresse à l'ensemble de ces processus intérieurs. De nos croyances à nos pensées, de nos pensées à nos émotions, de nos motivations à nos actes, tout ce mécanisme interne crée une puissante magie intérieure capable de se manifester concrètement dans ta vie.
La magie est en toi et autour de toi.

L'oracle

En 2022, lorsque j'ai commencé à élaborer cet oracle, je me suis longuement interrogée sur nos attentes et nos besoins lorsque nous consultions les oracles.
Parfois, nous souhaitons recevoir des messages divinatoires pour connaître l'évolution d'une situation.
D'autres fois, nous ressentons le besoin d'être guidés dans nos choix.
Il arrive aussi que nous ressentions la nécessité d'être éclairés sur nous-même.
En fonction de nos attentes ponctuelles et selon notre état d'esprit, nous choisissons un type d'oracle spécifique : soit un oracle de voyance, soit un oracle de guidance, soit un oracle de développement personnel.
Mais voilà, au regard d'une conscience plus « vaste » que la nôtre, avons-nous vraiment besoin du type de message que nous attendons à ce moment précis de notre expérience de vie ?
Ce *Grand Tout, l'Univers* – nomme-le avec tes mots, tes croyances et ton ressenti –, ne saurait-il pas mieux que nous ce que notre âme a besoin d'entendre, là où nous en sommes et selon notre évolution ?
Au regard de l'invisible, de cette *grande Intelligence*, avons-nous vraiment besoin d'une voyance à ce moment précis ? Avons-nous réellement besoin d'une guidance au moment où nous la sollicitons ?

J'en suis arrivée à la conclusion qu'il serait intéressant de proposer un oracle qui permettrait à nos guides[1] de nous

1. *Le mot « guide » est employé dans ce livre de manière générique, adapte-le à tes croyances spirituelles.*

transmettre des messages de guidance, des conseils, des pistes d'éveil ou de la voyance selon les besoins de notre âme, et non selon notre envie ponctuelle. Ainsi, nos guides auraient tout le loisir de pouvoir nous transmettre le type de message dont notre âme a vraiment besoin au moment où nous les questionnons.

STRUCTURE DE L'ORACLE

Aussi, l'*Oracle Magick Soul* se structure autour de plusieurs familles de cartes :

21 CARTES INSPIRÉES DE LA PRATIQUE DE LA MAGIE - LES CARTES PSYCHIC MAGICK
Messages de guidance, d'éveil et de conscience.

8 CARTES DES SABBATS - LES POUVOIRS
Messages de guidance et de développement personnel.

8 CARTES DES PHASES DE LA LUNE - RYTHMES ET ALIGNEMENT
Messages de guidance.

18 CARTES DIVINATOIRES COMPOSÉES DE 13 RUNES + 5 CARTES SPÉCIALES
13 runes sorcières + les cartes *Joker Trickster, La Chance, Oui, Non, Peut-être.*
Messages divinatoires.

TOUTEFOIS, TU PEUX UTILISER CES FAMILLES DE CARTES SELON TES ENVIES. SURTOUT, N'HÉSITE PAS À ESSAYER DE LES MIXER DANS TES TIRAGES.

LES FAMILLES DE CARTES

Voici un descriptif des 4 familles de cartes composant l'*Oracle Magick Soul.*

LES 21 CARTES PSYCHIC MAGICK - CARTES 1 À 21 INCLUSE

Ces cartes sont représentées par les outils, les pratiques et les 4 éléments utilisés en magie.
Ces cartes, en plus de t'offrir une guidance, te proposent de découvrir les fondamentaux de la *Psychic Magick.*

Pour chacune des cartes, tu trouveras, en plus de son message, d'autres informations :

MAGICK FLOW

Des informations et des conseils pour utiliser positivement ta magie intérieure.

OMBRE

Des exemples de blocages que tu pourrais rencontrer lorsque tu ne maîtrises pas ta magie intérieure.

LUMIÈRE / RESSOURCES

Des exemples de ce que tu pourrais créer de bénéfique en maîtrisant ta magie intérieure.

SHADOW WORK / JOURNALING

Des exercices et des questions pour aller à ta rencontre en approfondissant le thème de la carte.

LES 8 CARTES DES SABBATS - POUVOIRS - CARTES 22 À 29 INCLUSE

Ces cartes sont représentées par les 8 fêtes païennes que l'on nomme les sabbats. Si tu ne connais pas les sabbats, ce sont les célébrations des différentes saisons chez nos ancêtres. Elles représentent les cycles de la nature.
Chaque saison est porteuse de sagesse et de magie.
Comprendre les cycles de la terre, c'est comprendre tes propres cycles intérieurs et pouvoir t'inspirer de ses potentialités.
Ces cartes te proposent des *pouvoirs* que tu peux utiliser pour soutenir ta pratique de la *Psychic Magick.*

Tu les reconnaîtras grâce au médaillon central qui illustre une saison, ainsi que les informations sur la date de célébration de la fête concernée par chaque carte.

LES 8 CARTES DES PHASES DE LA LUNE - RYTHMES ET ALIGNEMENT CARTES 30 À 37 INCLUSE

Ces cartes sont représentées par les 8 phases de la lune durant un cycle lunaire. Ces cartes parlent de rythme et d'alignement. Elles te permettent de comprendre ce qu'il serait opportun d'entreprendre et l'état d'esprit approprié pour que ce que tu désires puisse se manifester dans ta réalité.

Tu les reconnaîtras grâce à l'angle du contour de la carte représentant des lunes, et parce qu'elles illustrent toutes une phase lunaire.

Ces cartes t'indiquent, pour chaque phase lunaire, un nombre de jours (approximatif) depuis le premier jour du cycle qui débute avec la nouvelle lune jusqu'aux derniers jours avec le dernier croissant de lune.

LES 18 CARTES DIVINATOIRES - ÉNERGIES ET DEVENIR
CARTES 38 À 55 INCLUSE

Ces cartes sont représentées par les 5 cartes spéciales : *Joker Trickster, La Chance, Oui, Non, Peut-être* + les 13 runes sorcières. Un langage magique et divinatoire dont on ne connaît pas les origines. Ces 13 runes synthétisent, à elles seules, les énergies les plus courantes. Ces cartes te permettent de connaître les énergies présentes dans ta situation, ainsi que son évolution possible.

Tu reconnaîtras les runes par le titre des cartes indiquant qu'il s'agit d'une rune.
Quant aux cartes spéciales, elles sont illustrées par une boule de cristal pour les cartes *OUI, NON, Peut-être* et *La Chance.* La carte *Joker Trickster* est l'unique personnage de l'oracle, tu la reconnaîtras donc facilement.

Dans ce livre, tu trouveras bien sûr la signification de ces cartes.
Pour les runes, j'ai également ajouté quelques interprétations d'association de 2 cartes runes. Néanmoins, n'oublie jamais qu'il s'agit de suggestions d'interprétations. En aucun cas, elles ne devraient se substituer à ta propre interprétation, qui sera bien plus fiable étant donné qu'elle prendra en compte ta situation et ton contexte très personnels. Aussi, écoute bien ta propre guidance pour interpréter tes tirages.

SHADOW WORK / JOURNALING

Toutes les cartes te proposent d'aller à ta rencontre dans la partie *Shadow Work / Journaling.*

En effet, la connaissance de soi est fondamentale pour pratiquer la *Psychic Magick.* Raison pour laquelle les Magiciens savent que **la connaissance, dont la connaissance de soi, représente le plus grand des pouvoirs**.

Je te propose donc de réaliser des exercices et de répondre à des questions afin de t'aider à identifier tes blocages, à faire la lumière sur tes parts d'ombre et à conscientiser ta manière d'interagir avec ton environnement. En effet, pour comprendre les énergies que tu crées et apprendre à les manipuler, tu dois apprendre à te connaître.

Tu peux, bien sûr, faire fi de cette partie si tu souhaites simplement utiliser les cartes comme un oracle sans réaliser de travail sur toi.

Et enfin, un petit rappel important : si tu rencontres des difficultés dans ta vie sans parvenir à y faire face, tu es invité à te faire aider et accompagner par un professionnel de la santé.

UTILISER L'ORACLE

Préparation

Tu es certainement impatient d'utiliser ton oracle et, si tu le souhaites, tu peux le faire sans aucune préparation. Néanmoins, je te conseille vivement de prendre quelques minutes pour lire ce qui suit afin d'utiliser les cartes dans les meilleures conditions possibles.

PURIFIER LES CARTES

Les cartes n'ont pas nécessairement besoin d'être purifiées. À vrai dire, personnellement, je purifie mes cartes lorsqu'une petite voix intérieure me murmure qu'elles sont polluées. Donc, écoute simplement ton ressenti.

Il y a, néanmoins, des circonstances particulières où je ressens le besoin de purifier mes cartes :

• Lorsque je les ai emportées dans un lieu chargé d'énergies comme les lieux publics (bus, métro, centre commercial, université, bibliothèque, etc.).

• Lorsque je me sens très chargée émotionnellement (dispute, conflit, travail éreintant, attentes trop présentes).

Lorsque je suis épuisée ou émotionnellement fragile, j'évite d'utiliser les oracles. Sois libre de faire comme tu l'entends et comme tu le ressens.

Il existe de nombreuses méthodes pour purifier ses cartes, en voici quelques-unes :

• Purifier son oracle en fumigation avec, par exemple, de la sauge blanche, de la lavande, du romarin, du thym ou du bois de palo santo. Tu peux aussi utiliser des cônes ou des bâtonnets d'encens.

• Purifier son oracle en prenant le tas de cartes dans une main (peu importe laquelle), en tapant avec l'autre main, poing fermé, 3 fois dessus.

• Purifier son oracle en remettant les cartes dans l'ordre en se basant sur leur numérotation.

• Purifier son oracle en visualisant une bulle blanche purificatrice autour des cartes.

• Purifier son oracle en soufflant sur les cartes, une à une, en visualisant les énergies polluantes s'envoler.

Il existe beaucoup d'autres méthodes, utilise celle qui te convient le mieux.

S'APPROPRIER LES CARTES

Pour créer un lien profond avec ton oracle et envelopper les cartes de ton énergie, je te conseille de prendre le temps d'observer chacune d'elles et de lire leur message. Une à une.

Lors de la découverte de chaque carte, tu peux noter dans ton journal, avec tes mots, quelques phrases résumant leur signification tout en laissant ton intuition te livrer de plus amples informations qui te sont personnelles.

Bien sûr, plus tu utiliseras les cartes, plus ce lien se renforcera en créant une belle complicité entre toi, tes guides et l'oracle.

Comment utiliser les cartes ?

ÉVEIL / GUIDANCE / VOYANCE / DATATION

J'avais à cœur de t'offrir la possibilité d'utiliser un oracle souple qui puisse répondre à de nombreuses problématiques. Aussi, si tu veux mixer les différentes familles de cartes, voici quelques suggestions.

AVEC TOUTES LES CARTES

Si tu utilises toutes les familles de cartes, pose simplement une question et laisse tes guides te donner la réponse qu'ils considèrent pertinente pour toi. Sois ouvert à tout type de réponses : voyance, guidance ou éveil personnel.

POUR DE LA VOYANCE

Utilise **les 5 cartes divinatoires spéciales** :
Le Joker Trickster (carte 38)
La Chance (carte 39)
OUI, NON et la carte *PEUT-ÊTRE* (cartes 40 à 42 incluse)
+ **les 13 cartes divinatoires Runes** :
Les 13 runes sorcières (cartes 43 à 55 incluse)

POUR DE LA GUIDANCE

Utilise les cartes de la 1re à la 37e incluse :
Les **21 cartes Psychic Magick** (cartes 1 à 21 incluse) +
Les **8 cartes des Sabbats** (cartes 22 à 29 incluse) +
Les **8 cartes des phases de la lune** (cartes 30 à 37 incluse)

Ou utilise les cartes de la 22e à la 42e incluse :
Les 8 cartes des Sabbats (cartes 22 à 29 incluse) +
Les 8 cartes des phases de la lune (cartes 30 à 37 incluse) +
Les 5 cartes spéciales (cartes 38 à 42 incluse)

POUR UN TRAVAIL D'ÉVEIL ET DE CONSCIENCE

Utilise les *21 cartes Psychic Magick* (les 21 premières cartes). Tu peux ajouter, si tu le souhaites, ***les 8 cartes des Sabbats*** (cartes 22 à 29 incluse).

POUR DATER UNE PRÉDICTION, SE CRÉER UN CALENDRIER D'OBJECTIFS OU RYTHMER UN TRAVAIL SUR SOI

Tu peux utiliser les cartes des Sabbats + les cartes des phases de la lune.
Les cartes des Sabbats te permettent de préciser un mois de l'année. Et **les cartes des phases de la lune**, un jour.

En effet, sur chacune des *cartes des Sabbats*, tu trouveras plusieurs informations :
- **la date de célébration**,
- **datation** : la période concernée par cette carte,
- **saison** : la saison concernée.

Pioche une carte des Sabbats et une carte des phases de la lune. Voici comment définir une date :

À ta convenance, tu peux **te servir du mois de célébration de cette fête pour définir le mois**. Par exemple, *Yule* se célèbre entre le 19 et le 23 décembre -> ce sera le mois de **décembre**.
Puis, en utilisant les cartes *des phases de la lune*, tu trouveras un jour indiqué. Tu peux utiliser ce jour pour définir un jour.

Par exemple *la carte* de la fête de *Yule* célébrée au mois de décembre + la *carte nouvelle lune* qui symbolise le jour 1 du cycle lunaire = **le premier jour du mois de décembre**.

Une autre méthode est de connaître le cycle de la lune du mois concerné. Par exemple si tu tires *la carte de Mabon* qui représente le mois de septembre + *la carte de la pleine lune* = **à la pleine lune de septembre**.

Tu peux aussi utiliser *les cartes des Sabbats* et te baser uniquement sur la date indiquée sur la carte.
Tu peux aussi partir de cette date et ajouter le nombre de jours précisé sur *la carte de la phase de la lune* que tu as piochée.
Par exemple, la carte *Imbolc* indique le 1er février + la carte de *la lune gibbeuse décroissante* qui est le 18e jours du cycle lunaire = **le 19 février (1 + 18)**.

Tu trouveras également dans ce livre des périodes (en mois) et une saison liées à chacune de ces 8 cartes. Aussi, peut-être seras-tu plus à l'aise d'utiliser ces informations plus générales plutôt que les mois et les jours.

Utilise ces cartes comme tu le sens pour dater, fixer des dates personnelles, rythmer une activité, une tâche, te fixer des dates de bilan lorsque tu effectues un travail sur toi, etc.

J'AI CRÉÉ UN ORACLE SOUPLE AUSSI, SI TU EN RESSENS LE BESOIN, SENS-TOI LIBRE D'ASSEMBLER LES FAMILLES DE CARTES COMME TU LE SOUHAITES.

COMMENT POSER MA QUESTION ?

Quand on utilise des oracles, on pose des questions différentes selon nos attentes. En effet, la manière dont nous formulons notre demande dépend de la nature des réponses attendues : recevoir des messages de guidance, de voyance ou d'éveil.
Cet oracle te permet de poser des questions de natures différentes selon tes attentes. Donc, selon les familles de cartes que tu veux utiliser, voici quelques suggestions.

AVEC TOUTES LES FAMILLES ENSEMBLE

Si tu utilises toutes les familles de cartes, pose simplement une question et laisse tes guides te donner la réponse qu'ils considèrent la plus adaptée à ta problématique personnelle. Sois ouvert à tout type de réponses : voyance, guidance ou éveil personnel.

AVEC LES CARTES PSYCHIC MAGICK ET LES CARTES DES SABBATS

La famille de **cartes Psychic Magick** et la famille de **cartes des Sabbats** (célébrations) répondent à plusieurs types de questions d'éveil, de conscientisation et de travail sur soi, tels que :

Pourquoi suis-je bloqué... ?
Comment débloquer... ?
Que puis-je améliorer... ?
Quelles sont mes ressources, mes forces... ?
Que puis-je apprendre de cette situation... ?
Quel travail sur moi devrais-je effectuer... ?
Comment améliorer ma situation... ?

Les « … » indiquent que tu dois préciser ta question en la contextualisant. Par exemple :
Pourquoi suis-je bloqué et n'arrive pas à parler à Lucas ?
Que puis-je améliorer pour me sentir bien mieux dans ce nouveau job ?
Quelles sont mes forces dans ce projet ?
Quel travail sur moi devrais-je effectuer pour améliorer mon couple ?

Quand tu poses ta question, parle simplement de ta situation et de ce qui te préoccupe.

Avec les cartes des phases de la lune

Les **8 cartes des phases de la lune** te permettent de répondre à ce type de questions :
Que puis-je faire maintenant pour améliorer… ?
Quelle est la prochaine étape… ?
Où en suis-je dans cette situation… ?

Là aussi, contextualise ta question en précisant la situation qui t'intéresse.

Avec les cartes divinatoires

La famille de cartes divinatoires (*Oui, Non, Peut-être, Chance, Joker Trickster* + les runes) répondent aux questions fermées, par exemple :
Comment va évoluer… ?
Que va-t-il se passer… ?

Là aussi, contextualise ta question en parlant de ta situation et de ce qui te préoccupe.

AVEC LES 5 CARTES SPÉCIALES

Les 5 cartes spéciales (*Oui, Non, Peut-être, Chance, Joker Trickster*) répondent aux questions nécessitant des réponses fermées par *Oui* et *Non.*

COMMENT MÉLANGER LES CARTES ?

Il existe plusieurs méthodes pour mélanger les cartes.
Tu peux :

- Les brasser.
- Les mélanger en les mettant en vrac sur un plan fixe et propre (une table) et en les mélangeant avec tes mains avant de les rassembler en un seul paquet.
- Les mélanger en les déposant une à une devant toi et en créant plusieurs tas (j'en fais 3) :
Je mets 1 carte sur le tas de gauche, 1 carte sur le tas du centre, 1 carte sur le tas de droite. Puis, selon mon ressenti, je continue à déposer les cartes une à une sur les 3 tas, sans ordre établi.
Une fois que toutes les cartes sont dans les tas, je les rassemble en un seul paquet, et je recommence 3 fois.

COMMENT CHOISIR LES CARTES ?

Avant de les choisir, tu peux diviser le tas en 1, 2 ou 3 tas (c'est ce que l'on appelle « *couper* ») avant de rassembler de nouveau les tas. Ce n'est pas une obligation. Encore une fois, fais les choses comme tu le sens.
Si tu choisis de couper les cartes, choisis la main avec laquelle tu es le plus à l'aise.

Une fois que tu as mélangé les cartes, et éventuellement coupé les cartes, il te faut les choisir.

La seule règle que tu dois respecter est celle-ci : quand tu pioches les cartes, tu ne dois pas voir lesquelles tu choisis. Donc, tu dois toujours choisir tes cartes en voyant uniquement leur dos.

Là aussi, tu peux utiliser la méthode qui te convient le mieux et la main qui te convient le mieux.

- Tu peux décider d'utiliser les premières cartes du tas, c'est-à-dire celles qui sont au-dessus de ton paquet de cartes.
- Tu peux décider d'utiliser les dernières cartes du paquet.
- Tu peux alterner, prendre une carte au-dessus du paquet, une carte en dessous du paquet et, selon le nombre de cartes dont tu as besoin, continuer en reprenant une carte au-dessus, etc.
- Tu peux étaler tes cartes en éventail devant toi, puis choisir les cartes qui t'attirent.

UTILISATION EN JOURNALING / SHADOW WORK

Chaque carte propose un thème de réflexion ou un petit exercice.

À ta convenance, tu peux utiliser toutes les familles de cartes, ou utiliser les familles qui te semblent plus appropriées. N'hésite donc pas à extraire de l'oracle certaines cartes, si tu le souhaites.

Les questions proposées peuvent être contextualisées à ce que tu vis actuellement ou t'interroger de manière plus générale.

Néanmoins, elles sont liées à un thème spécifique. Laisse simplement les messages et les questions résonner en toi et tu sauras si tu dois y répondre de manière générale ou de manière contextualisée. Sois rassuré, tu ne peux pas te tromper.

Chaque jour, ou à ton rythme, tu peux travailler avec l'énergie d'une carte en notant dans ton journal tes propres réflexions et méditations tout en t'inspirant du thème proposé par la carte que tu auras préalablement tirée ou choisie volontairement.

Si tu pioches la même carte à plusieurs reprises, cela t'indique que tu dois approfondir ce sujet. Fais confiance à ta guidance intérieure pour développer le travail que tu as déjà effectué sur ce thème.

Tu as aussi la possibilité de noter dans ton journal les tirages que tu effectues. Cela te permettra de prendre conscience de ton évolution face à ta problématique.

UTILISATION EN ACCOMPAGNEMENT ET COACH DE VIE

Chacune des cartes propose un thème de réflexion ou un petit exercice d'introspection.
Lors de tes consultations, travailler avec les cartes te permettra d'ouvrir des pistes de réflexion pour accompagner ton client à se découvrir et à trouver les clés et les ressources intérieures pour avancer plus sereinement dans sa vie.

Les questions proposées peuvent être contextualisées à ce que vit actuellement ton client ou l'interroger de manière plus générale. Donc cela te permet d'orienter le travail comme tu l'entends.

À ta convenance, tu peux utiliser toutes les familles de cartes, ou décider d'utiliser les familles qui te semblent plus appropriées au parcours de ton client. N'hésite donc pas à extraire de l'oracle certaines cartes, si tu le souhaites.

Voici quelques suggestions :

AVEC 1 CARTE QU'IL AURA PIOCHÉE

En cours de consultation, tu peux proposer à ton client de tirer une carte pour ouvrir le dialogue sur le thème défini par la carte choisie.
En fin de consultation, tu peux lui proposer un travail de réflexion et d'introspection qu'il effectuera chez lui, pour votre prochain rendez-vous.

AVEC PLUSIEURS CARTES

- Tu peux utiliser une des méthodes proposées dans ce livre ou créer ta propre méthode de tirage.
- Tu peux également lui proposer un programme sur plusieurs jours, avec une réflexion par jour en te basant sur 1 carte par jour afin qu'il effectue un travail d'introspection qu'il notera dans un carnet.

Et, enfin, sens-toi libre d'utiliser ces cartes comme bon te semble pour accompagner tes clients vers la voie de l'épanouissement.

INTÉGRER LES CARTES DANS TA PRATIQUE MAGIQUE

Si tu pratiques la magie ou la sorcellerie, chaque carte peut être utilisée lors de tes rituels pour symboliser une énergie. Tu peux également les poser sur ton autel ou ta table de chevet afin de méditer sur leur énergie singulière.

TRAQUEUR D'ÉNERGIES GLOBALES

Pour chaque ***carte des Sabbats***, tu trouveras dans ce livre des indications sur la durée du *jour* par rapport à celle de la *nuit*. En effet, tout au long de l'année, au rythme des saisons, les durées des jours et des nuits varient. Tu peux te servir de ces informations pour évaluer une énergie globale par rapport à ta situation.

Le jour, symbolisé par un soleil, représente :
l'extériorisation, l'extraversion, la joie, la clarté.
La nuit, symbolisée par une lune étoilée, représente :
l'introversion, l'intériorité, les émotions fortes, l'imagination, la mélancolie, le manque de clarté.

Par exemple, si tu pioches la carte *Samhain*, cette carte indique que les nuits deviennent plus longues (la flèche vers le haut) et que les journées deviennent plus courtes (flèche vers le bas) en pleine transition vers la saison sombre.

Cela peut indiquer une période de repli sur soi et un moral un peu fragile.

Si tu tires la carte *Yule*, cette carte indique qu'il s'agit de la nuit la plus longue de l'année en pleine saison sombre.

Cela peut indiquer que le moral, s'il est au plus bas, retrouvera prochainement une vitalité joyeuse puisque, après la nuit la plus longue de l'année, les nuits seront de plus en plus courtes et les journées, de plus en plus longues.

Un autre exemple, si tu pioches la carte *Ostara*, elle informe d'un équilibre entre la durée du jour et de la nuit, présageant donc une humeur équilibrée.

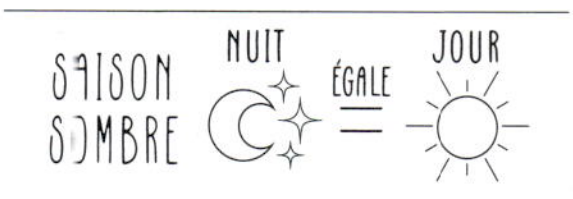

Encore une fois, utilise ces informations selon ton feeling, et fais preuve de créativité avec tes tirages !

UTILISATION AVEC UN AUTRE ORACLE OU UN TAROT

Tu peux facilement utiliser certaines familles de cartes en complément d'un tirage avec un autre oracle ou un tarot.

- **Les cartes Psychic Magick** permettent de livrer des informations sur les blocages (OMBRE) et les ressources (LUMIÈRE).
- **Les cartes des Sabbats** permettent de trouver des ressources intérieures.

• **Les cartes des phases de la lune** permettent de définir des actions et des attitudes afin d'améliorer une situation.

• **Les cartes divinatoires** (5 cartes spéciales + les 13 runes) peuvent donner les grandes énergies d'une voyance en début de tirage, puis, avec un autre jeu, tu peux apporter des précisions.
En cours de tirage, ces cartes peuvent venir te préciser vers quelle énergie tendent certaines cartes ambivalentes. Cela arrive lorsque tu ne parviens pas à savoir si tu dois interpréter une carte sous son aspect « positif » ou « négatif ». Pioche alors une de ces cartes divinatoires pour recouvrir la carte qui te pose problème.

EXPÉRIMENTE LES CARTES DE CET ORACLE JE SUIS CERTAINE QUE TU TROUVERAS BIEN D'AUTRES UTILISATIONS !

Quelques conseils

LES CARTES SAUTEUSES OU BALADEUSES

LES CARTES SAUTEUSES

J'adore quand les cartes sautent du paquet lorsque je les mélange ou les manipule. Eh oui, les cartes sauteuses ont toujours un message très important à te faire passer.
Par ailleurs, lorsque cela arrive, je te conseille d'utiliser la méthode de tirage de la carte sauteuse que tu trouveras à la page 50.

Personnellement, si plus de 2 cartes se sont enfuies simultanément du paquet, ce ne sont pas des messages importants que veulent me délivrer mes guides, mais de la maladresse de ma part.

LES CARTES BALADEUSES

Chose plutôt rare, mais pas impossible, les cartes peuvent se balader et réapparaître là où tu ne les attends pas !
C'est le cas lorsqu'une carte apparaît là où elle ne devrait pas se trouver, c'est-à-dire loin de l'endroit où tu as rangé l'oracle. Si tes cartes sont soigneusement rangées à leur place et que tu trouves une carte qui s'en est échappée, c'est qu'elle a un message très important pour toi. À chaque fois que cela m'arrive, son message est très parlant !
Alors, prends-le vraiment en considération.

AUTRES CONSEILS

Quel que soit l'oracle que tu utilises, voici quelques conseils pour réussir ton tirage.

SI TON MESSAGE NE TE CONVIENT PAS

Évite de harceler ton oracle (et tes guides) en reposant la même question, encore et encore.
N'oublie pas que les oracles te livrent les secrets des énergies actuelles et l'issue la plus probable en prenant en compte les énergies présentes.
Il est préférable que tu essaies, avec la plus grande sincérité, de comprendre le message qui t'est adressé.
Une fois le message compris, tu peux ajouter 1 carte en demandant à tes guides « *Que puis-je faire pour inverser le résultat prédit ?* » pour recevoir une aide supplémentaire.

SI TU NE COMPRENDS PAS TON MESSAGE

Si, après avoir ouvert ton cœur et ton esprit pour être le plus sincère possible avec toi-même, ton tirage ne correspond vraiment en rien à ta problématique, il est fort possible que :

• Tu sois trop fatigué ou chargé émotionnellement pour te faire un tirage.

• Ton oracle a besoin d'être purifié pour le débarrasser des énergies qu'il a accumulées. Purifie ton oracle avant de refaire ton tirage.

Si tu es énervé, stressé, trop en attente d'une réponse particulière, tu risques de fausser ton tirage en y projetant tes peurs ou tes espérances.
Essaie d'être le plus neutre possible quand tu utilises les oracles. Prends le temps de calmer ton monde intérieur avant de recommencer le tirage.

SI TES MESSAGES SEMBLENT CONTRADICTOIRES

Cela arrive lorsque plusieurs énergies se battent pour la première place !
La vie n'est pas linéaire, et les choses ne sont pas toujours aussi simples qu'on le souhaiterait.
Nous sommes tous des funambules tentant de garder un équilibre sur un fil tendu. On vacille de gauche à droite, de devant en arrière pour rester bien droit sans trébucher. Il en est de même pour les énergies en action dans notre vie.

Lorsque cela arrive, cela signifie simplement que plusieurs énergies dominent la situation qui te préoccupe et que, selon

ton habileté et ton adresse à avancer sur ce fil, une énergie prendra le pas sur l'autre et se manifestera.
Dans ce cas-là, je tire une autre carte que je place au-dessus de celle qui représente l'énergie que je souhaite voir arriver dans ma vie en demandant à mes guides : *« Comment faire pour que ce soit cette énergie-là qui se manifeste dans ma situation ? »* Et je lis le message de la carte (sans prendre en compte les parties « *ombre* » et « *lumière* » si elles sont présentes).

COMMENT INTERPRÉTER UNE CARTE QUAND ELLE EST POSITIONNÉE EN OMBRE OU DÉFI DANS MON TIRAGE ?

De manière générale, lorsqu'une carte représente l'ombre, le défi ou l'obstacle, il y a 3 façons de l'interpréter :

- Soit il te manque, à ce moment et dans ta situation, les qualités ou ressources évoquées par la carte.
- Soit tu possèdes ces qualités, mais en excès, ce qui peut également créer des blocages.
- Soit la carte évoque des aspects « OMBRE » dans sa description, tu es invité à t'y référer. Toutefois, garde à l'esprit que les aspects énumérés ne te concernent pas tous, écoute ceux qui résonnent en toi.

Dans tous les cas, à la lecture du message, n'oublie pas de te fier à ta petite voix intérieure, elle est ton meilleur guide pour comprendre sa signification.

LES TIRAGES

Introduction

Dans un étalement, on utilise une ou plusieurs cartes afin d'avoir plus de précisions sur l'état actuel d'une situation.
C'est en quelque sorte une photographie des énergies en action dans l'expérience que tu vis. Cela te permet d'en comprendre les rouages pour que tu puisses avancer plus sereinement dans ta situation, tout en t'invitant à être un créateur conscient de son devenir.

Je te propose ici mes propres méthodes spécialement créées pour cet oracle, toutefois, n'hésite pas à utiliser les tiennes et à en expérimenter d'autres. Cet oracle a été conçu pour que tu te l'appropries et que tu chemines avec ses cartes de la manière dont tu en as envie. Il est un compagnon de route, apprivoise cet oracle avec tes propres énergies !

Si les cartes peuvent t'aider et te guider, n'oublie pas qu'elles reflètent les énergies en action au moment du tirage. Par conséquent, elles ne sont pas définitives. En effet, les énergies évoluent en même temps que toi et le cours des événements.
Tu peux donc toujours agir sur la situation et modifier ta manière de l'aborder. Rien n'est jamais figé, tout est toujours en mouvement.

Si tu débutes avec les cartes, voici comment interpréter les messages des cartes que tu as tirées, si tu utilises une méthode de tirage (un étalement) avec plusieurs cartes.

Chaque message doit être interprété selon l'emplacement de la carte dans l'étalement. Par exemple, une carte en position de blocage ou de défi devra être interprétée selon son aspect « négatif[1] » ou « ombre ». Une carte en position positive ou ressource devra être interprétée sous son angle « positif » ou « lumière ».
Quant à la carte conseil, lis simplement son message.

Les étalements

Voici les méthodes de tirage que je te suggère. Lorsque je mentionne *tes guides*, il s'agit d'un terme générique pour évoquer *cette partie invisible qui te guide*. Ce terme est donc à interpréter selon tes croyances personnelles.

Si tu débutes avec les cartes, voici comment procéder avant de piocher une ou plusieurs cartes :

1. Tu choisis une méthode de tirage.
2. Tu poses ta question.
3. Tu mélanges les cartes (il est préférable de continuer à te concentrer sur ta question).
4. Tu pioches le nombre de cartes dont tu as besoin selon la méthode de tirage que tu as choisie au préalable.
5. Tu places les cartes choisies, une à une, face à toi.
6. Tu retournes les cartes si tu ne les as pas déjà placées face visible.
7. Tu interprètes ton tirage.

1. *Le mot « négatif » est employé par commodité de langage pour exprimer ce qui est vécu avec difficulté.*

MON MESSAGE DU JOUR - 1 CARTE

Utilise les 55 cartes de l'oracle.
Ce tirage te permet de recevoir un message pour ta journée. Dans ce cas, il n'est pas nécessaire de poser une question. Demande simplement un message utile pour toi aujourd'hui, mélange les cartes et tires-en une. Lis la guidance qui t'est destinée.

JE FAIS CONFIANCE À MES GUIDES - 1 CARTE

Utilise les 55 cartes de l'oracle.
Ce tirage te permet de recevoir un message de tes guides sans définir préalablement si tu attends une voyance, une guidance, un conseil ou des clés d'éveil. Tes guides te donneront le message le plus approprié à ton chemin d'évolution par rapport à ta question.
Pose ta question, puis, après les avoir mélangées, pioche une carte. Lis la guidance qui t'est destinée.

JE FAIS CONFIANCE À MES GUIDES - 3 CARTES

Utilise les 55 cartes de l'oracle.

1 2 3

Ce tirage te permet de recevoir plusieurs messages de tes guides sans avoir préalablement défini si tu attends une voyance, une guidance, un conseil ou des clés d'éveil. Tes guides te donneront les messages les plus appropriés à ton chemin d'évolution par rapport à ta question.
Pose ta question, puis après les avoir mélangées, tire 3 cartes.

La première carte représente quelque chose du passé ayant encore de l'influence aujourd'hui sur l'objet de ta question.
La deuxième carte représente le moment présent.
La troisième carte représente le futur proche.

CHEMIN D'ÉVOLUTION - 3 CARTES

Pour ce tirage, tu utilises les 37 premières cartes : **les cartes Psychic Magick, les cartes des Sabbats** et **les cartes des phases de la lune**.

Il s'agit d'un tirage pour comprendre tes blocages et découvrir tes ressources afin d'y remédier.

La première carte représente ton blocage actuel (ton point faible) - Si tu pioches une carte **Psychic Magick**, lis la partie ***Ombre*** en complément du message de la carte.
La deuxième carte représente ta ressource intérieure (ton point fort) - Si tu pioches une carte **Psychic Magick**, lis la partie ***Lumière*** en complément du message de la carte.
La troisième carte représente le conseil.

DE L'OMBRE À LA LUMIÈRE - 1 CARTE

Pour ce tirage, utilise les 21 premières cartes : **les cartes Psychic Magick**.
Il s'agit d'un tirage pour éclairer une part d'ombre

particulièrement bloquante dans ta situation.
Mélange les cartes en demandant quelle est la source de ton blocage, puis pioche 1 carte. Tu trouveras des exemples des expériences difficiles que tu pourrais créer dans la partie ***Ombre***. Le message te donne les clés pour y remédier.

DE L'OMBRE À LA LUMIÈRE - 2 CARTES

Il s'agit d'un tirage pour éclairer une part d'ombre particulièrement bloquante dans ta situation et pour trouver une ressource intérieure afin de te soutenir durant ton travail d'évolution personnelle.

Pour ce tirage, utilise les 21 premières cartes : **les cartes Psychic Magick**.
Mélange les cartes en demandant quelle est la source de ton blocage, puis pioche 2 cartes.

La première carte représente ton blocage actuel (ton point faible) / réfère-toi à la partie ***Ombre*** de cette carte en complément de sa guidance.
La seconde carte représente ta ressource intérieure (ton point fort) / réfère-toi à la partie ***Lumière / Ressource*** de cette carte en complément de sa guidance.

RENFORCER MA MAGIE INTÉRIEURE - 1 CARTE

Utilise les 29 premières cartes : **les cartes Psychic Magick, les cartes des Sabbats**.
Ce tirage te permet de découvrir comment améliorer et amplifier ta magie intérieure.
Mélange les cartes et tires-en une.

MANIFESTER MON SOUHAIT - 3 CARTES

Utilise les 37 premières cartes : **les cartes Psychic Magick**, **les cartes des Sabbats** et **les cartes des phases de la lune** que tu regrouperas en 3 familles. Après avoir mélangé les 3 tas, tire les cartes comme suit :

La première carte représente ce sur quoi tu es invité à travailler (ton point faible) - pioche 1 carte de la famille des cartes Psychic Magick (les 21 premières cartes de l'oracle).
La deuxième carte représente une ressource intérieure qui peut t'aider - tire 1 carte de la famille des cartes des Sabbats (cartes 22 à 29 incluse).
La troisième carte représente ce que tu es invité à entreprendre - tire 1 carte de la famille des phases de la lune (cartes 30 à 37 incluse).

CARTE PSYCHIC MAGICK	CARTE SABBAT	CARTE PHASE DE LA LUNE

1	2	3

CHEMIN D'AVENIR (DIVINATION) - 1 CARTE

Utilise les 18 cartes divinatoires (cartes 38 à 55 incluse : **les 5 cartes spéciales** + **les cartes runes**).
Ce tirage te permet de découvrir l'évolution de ta situation.

Mélange les cartes en pensant à ta question / situation et pioche 1 carte.

CHEMIN D'AVENIR (DIVINATION) - 3 CARTES

Utilise les 18 cartes divinatoires (cartes 38 à 55 incluse : **les 5 cartes spéciales + les cartes runes**).
Ce tirage te permet de découvrir l'évolution de ta situation.
Mélange les cartes en pensant à ta question ou à ta situation et pioche 3 cartes.
La première carte représente le présent.
La deuxième carte représente le conseil.
La troisième carte représente le futur.

CHEMIN D'AVENIR (DIVINATION ET CONSEIL) - 3 CARTES

Utilise les 18 cartes divinatoires (cartes 38 à 55 incluse : **les 5 cartes spéciales + les cartes runes**) et **toutes les autres cartes** que tu sépareras en 2 tas :
1 tas avec les cartes divinatoires et 1 tas avec toutes les autres cartes.

Ce tirage te permet de découvrir l'évolution de ta situation et de recevoir un conseil afin de l'améliorer.

Mélange les cartes des 2 tas en pensant à ta question ou à ta situation et pioche les cartes de la façon suivante.
La première carte représente le présent - utilise le tas des cartes divinatoires.
La deuxième carte représente le conseil - utilise toutes les autres cartes.
La troisième carte représente le futur - utilise le tas des cartes divinatoires.

CARTE DIVINATOIRE | AUTRES CARTES | CARTE DIVINATOIRE

1 | 2 | 3

LA CARTE SAUTEUSE - 2 OU PLUSIEURS CARTES

Ce tirage permet de préciser les informations reçues par une carte qui a sauté de ton paquet. Place devant toi la carte sauteuse face visible.
Puis, selon la nature de la précision que tu veux recevoir, tire une ou plusieurs cartes selon les familles de cartes.

Cartes Psychic Magick : pour avoir des précisions sur ton mode de fonctionnement, ta manière d'interagir avec ton monde intérieur.
Cartes des Sabbats : pour connaître quel pouvoir intérieur peut te soutenir.
Cartes des phases de la lune : pour être conseillé sur ce que tu pourrais faire.
Cartes divinatoires : pour connaître l'évolution énergétique de la carte sauteuse.

LES CARTES
PSYCHIC MAGICK

CROIS EN TOI

1

« Si je devais ne garder qu'une seule croyance, ce serait moi. »

Confiance et estime de soi

De toutes les croyances, voici la plus importante : CROIRE EN SOI.

La confiance en soi est l'outil d'évolution de soi, de guérison intérieure et de transformation personnelle le plus puissant qui puisse exister. Cette croyance a une puissance telle qu'elle est capable de te faire accomplir des miracles !

On ne te le répétera jamais assez : crois en toi ! Reconnais tes ressources intérieures afin de sublimer ton potentiel. Sens-toi en sécurité, car, quoi qu'il advienne, tu es capable de rebondir.
Crois en tes superpouvoirs, tu es en mesure de modeler ta réalité. Fais confiance à ta boussole interne pour cheminer vers la lumière quand tu es perdu.

Si cette carte apparaît pour toi, c'est certainement parce que tu ne te fais pas suffisamment confiance. Et pourtant, quels que soient tes désirs, tes projets et ce que tu bâtis dans ta vie, la première pierre que tu devrais poser est cette foi inébranlable en toi.

Cette conviction est capable de t'insuffler la puissance nécessaire pour entreprendre ce que tu espères pour toi. Grâce à cette croyance fondamentale, là où vivent les « *je veux* » (ou les « *j'aimerais* »), naissent les « *je peux* ».
Tu prends réellement conscience de ton POUVOIR sur ta réalité.

Bien sûr, tu peux parfois douter de toi ou de ce que tu entreprends. Mais cette petite voix intérieure qui vient te titiller ne devrait aucunement te fragiliser et te laisser croire que tu n'es pas capable, que tu n'es pas assez bien pour être respecté et aimé, ou encore que ce que tu construis va s'effondrer.

Accueille ces petites voix comme des conseillères dévouées qui viennent t'alerter sur des parties d'un projet ou sur ta manière de voir les choses nécessitant d'être améliorées. Elles sont de simples invitations à les remettre en question pour les ajuster afin d'évoluer, et pour ton plus grand bien !

Quand tu as profondément confiance en toi, rien ne peut te déstabiliser.
Qu'il vente ou qu'il pleuve, tu te sens solide, tel un arbre dont les racines s'enfoncent profondément dans la terre. La tempête arrache tes feuilles et tes branches mortes, mais sans jamais te déraciner ou noyer ton feu intérieur.

Un mot, un regard ou une opinion, qu'ils soient péjoratifs ou mélioratifs, ne t'atteignent pas.
La foi en toi est comme un bouclier protecteur imperméable aux énergies négatives et aux intentions malveillantes.
Tu sais ce que tu as à faire, là où tu veux aller et comment y cheminer. Peu importe la météo énergétique des autres ou encore les obstacles que tu rencontres, tu continues ta route puisque tu sais que tu arriveras là où ton cœur veut t'emmener.

Cela ne signifie pas que tu n'as rien à apprendre ou à améliorer, mais simplement que tu te sais capable de toutes ces choses-là.
Croire en toi te donne des ailes, t'insuffle l'envie d'apprendre, de t'améliorer, de te donner les moyens d'y arriver.
Tu vois alors dans chaque obstacle de nouveaux défis à relever.

MAGICK FLOW

Il est important que tu reconnaisses tes qualités, tes talents et toutes les ressources intérieures qui vibrent au creux de toi. Nous en avons tous, chacun à notre manière et c'est bien en cela que nous sommes tous si uniques.
Le cas contraire, tu vas dépenser beaucoup d'énergie et de temps à combattre tes pensées et les peurs qui trouvent un terrain très fertile dans la dévalorisation et l'autodénigrement.

Si tu te sous-estimes, apprends à reconnaître ce que tu fais de bien, même si tu considères que le résultat n'atteint pas ton niveau d'exigence.
Si c'est le cas, revois tes objectifs, car tu as certainement voulu aller trop vite, et n'hésite pas à te faire aider pour t'améliorer et te perfectionner. Respecte aussi ton rythme personnel avant de préjuger du résultat à venir.
Fixe-toi des objectifs réalistes et fais de petits pas. Puis, après chaque petite victoire, fixe-toi de nouveaux objectifs.

Si tu as tendance à minimiser les qualités que l'on te trouve ou à étouffer les compliments que l'on te fait, arrête de te déprécier et accepte que l'on puisse te complimenter le plus sincèrement possible. De manière générale, on reconnaît plus facilement ce qu'on considère comme des défauts ou des points négatifs que les qualités inhérentes à chaque personne ou situation. Aussi, si l'on te complimente, il y a vraisemblablement une part de vérité dans ces propos. Ne l'oublie pas !

Repère toutes les fois où tu te déprécies et, lorsque cela arrive, prends conscience que tu es beaucoup plus que ce que tu imagines être à ce moment-là : plus capable, plus appréciable, plus talentueux. Le fait même d'avoir conscience que tu te déprécies te permet de te revaloriser.

Si tu te sens incapable, peu aimable, peu méritant en te basant sur tes expériences passées ou ce que d'autres ont pu dire de toi, eh bien, sache que tu fais fausse route !
En effet, aujourd'hui, tu préjuges de ton avenir en te basant sur des propos qui ne reflètent pas tout ton potentiel et sur des événements qui ne sont plus d'actualité.
Aujourd'hui est un nouveau jour et tu es une nouvelle version de toi, avec des possibilités infinies, prête à se conjuguer à tout ton potentiel magique.
Ne laisse pas les autres et ton passé dicter qui tu es et ce que tu aspires à être et à devenir.
Alors, avant toute chose, voici par où tu devrais commencer : CROIS EN TOI.

LUMIÈRE / RESSOURCES

- L'expérience que tu vis est une occasion en or pour prendre conscience de tes pouvoirs et de tes capacités.
- Tu oses aller là où ton cœur t'emmène.
- Tu oses dire et partager ta vérité.
- Tu oses être toi.
- Tu oses briller.
- Tu ne crains pas d'échouer, car si tu échoues, ce sera sur une île, là où tu pourras construire ton paradis.

- Tu trouves la force intérieure pour relever les défis.
- Tu es résilient, endurant, persévérant, car tu sais que tu arriveras à bon port.

OMBRE

- Quelque chose t'empêche de croire en tes projets ou en ta capacité à les mener à bien.
- Tu doutes de toi, tu te déprécies, tu te dévalorises, tu te compares aux autres.
- Tu procrastines, tu tournes en rond, tu repousses au lendemain ce que tu as envie de faire.
- Tu peux ne pas avoir conscience de tes profonds désirs, car tu les occultes parce que tu es convaincu qu'ils ne sont pas à ta portée.
- Tu n'acceptes aucun projet ambitieux de peur de te confronter à un échec.
- Tu te décourages face aux défis que tu rencontres.
- Tu peux t'isoler par peur de ce que les autres pourraient penser de toi.

SHADOW WORK • JOURNALING

Il est important que tu comprennes pourquoi tu ne crois pas en toi afin de pouvoir trouver les solutions les plus adaptées pour inverser cette tendance.

Chaque fois que tu te déprécies, note dans ton carnet :

- *La pensée exacte qui t'a traversé.*
- *Ce que tu as ressenti.*
- *Pourquoi tu en es arrivé à cette conclusion (cette dépréciation).*

Pour t'aider à répondre à cette dernière question, je te propose de répondre à ces autres questions, car, parfois, les questions périphériques permettent d'éclairer la réponse.

As-tu l'impression d'avoir essuyé plus d'échecs que de réussites ?
Comment réagissaient tes figures d'attachement, bien souvent les parents, quand tu avais de bonnes notes ou que tu réussissais quelque chose ? Te félicitaient-ils ou ne t'exprimaient-ils aucune réaction positive ?

As-tu souvent entendu des propos négatifs à ton sujet ?

As-tu vécu des relations où l'on te dévalorisait ou critiquait ta façon d'être ou de faire ?

Te compares-tu souvent aux autres ?

As-tu été régulièrement comparé à d'autres ?

Considères-tu être très exigeant ou perfectionniste ?

Penses-tu que tu n'as pas fait tout ce qui était en ton pouvoir pour atteindre un objectif ou pour améliorer une situation ?

FAIS CE QUE TU VEUX

2

« Tout ce que l'on désire n'est pas bon pour soi, et tout ce qui est bon pour soi n'est pas toujours ce que l'on désire. »

Désir · Intention · Respect

On désire tous une multitude de choses dans notre vie. Parmi elles, il y a les désirs profonds qui répondent aux aspirations de notre âme et à nos besoins essentiels, les désirs qui répondent à des envies éphémères, ceux que l'on pense bons pour soi et, enfin, ceux qui répondent, consciemment ou inconsciemment, à des émotions désagréables, comme la jalousie, la rancœur, la tristesse, la colère, le sentiment d'injustice ou le désespoir.

En réalité, l'équation est bien plus complexe, car certains de ces désirs répondent également à notre besoin de sécurité, notre besoin d'appartenance, notre besoin d'estime de soi et notre besoin de réalisation de soi, qui font partie des besoins essentiels de chaque personne.

Aussi, il est parfois difficile de savoir si ce que l'on veut ne nuit à personne.
On peut déduire, sans se tromper, que les désirs qui répondent à une émotion « négative », comme le fait de vouloir se venger, de blesser ou de priver une autre personne de son libre arbitre en la mettant sous emprise (par exemple), sont nuisibles.
Même si derrière ces désirs se cache, bien souvent, le besoin de répondre à un de nos besoins essentiels, comme le besoin de sécurité, d'appartenance, d'estime de soi et de réalisation de soi. Il existe néanmoins d'autres voies pour répondre sainement à ces besoins.

Cette carte s'invite dans ton tirage pour parler, avant tout, de toi ; puisque tu es, en premier lieu, la personne à laquelle tu ne devrais pas nuire.

Et comme tout ce que tu désires n'est pas bon pour toi, et que tout ce qui est bon pour toi n'est pas toujours ce que tu désires, là aussi, l'équation n'est pas simple !

Cette carte t'invite donc à ne pas répondre impulsivement à ton envie pour comprendre ce qui l'anime. Laisse infuser ton désir avant d'y succomber.

Avant de te décider, avant de te mettre en mouvement et de craquer, prends le temps d'apaiser tes émotions et de réfléchir à ce que peut t'apporter l'objet de ton désir.
Cette carte est une invitation à t'interroger sincèrement sur la nature de tes désirs avant de t'y investir.

Il ne s'agit pas de porter des jugements sur toi ou de te faire la morale sur ce que tu peux désirer, il s'agit de prioriser là où tu vas investir ton énergie en évitant, autant que faire se peut, de te faire plus de mal que de bien.

Cette carte t'invite à ne pas investir de l'énergie dans des objectifs vains, car c'est à toi-même que tu porteras préjudice.

En effet, tu as besoin de cette énergie pour des projets et des objectifs qui te tiennent vraiment à cœur.
Tu as besoin de cette énergie et de cet espace intérieur pour recevoir ce que tu veux voir se concrétiser dans ta vie.

Tu es peut-être confronté à un choix qui demande réflexion, car tu crains que ta décision ou ce que tu veux exprimer puisse blesser ou nuire à une autre personne. N'oublie pas que tu fais partie de la première personne envers laquelle tu te dois d'être bienveillant, et cela doit être une priorité.
Aussi, si ce que tu souhaites est vraiment important pour toi, il est préférable d'être honnête, vis-à-vis de toi-même et des autres. Si c'est le cas, une communication calme et ouverte, afin de se comprendre mutuellement, pourrait être la meilleure solution.

MAGICK FLOW

« *Fais ce que tu veux tant que tu ne nuis à personne* » est un conseil fondamental que l'on trouve dans la pratique de la magie. Il met l'accent sur la liberté et le libre arbitre de chacun de choisir en conscience ce que l'on souhaite créer avec sa magie.

Ce conseil est souvent lié à la « *loi du triple retour* ». Elle signifie que ce que tu feras à une personne te reviendra de manière bien plus puissante. Une règle que je préfère nommer « *la loi du juste retour* » puisqu'elle signifie qu'il y a toujours un rapport de cause à effet quand on manipule les énergies. Il y a des conséquences à nos actes.

Cette règle se veut dissuasive pour les magiciens et les sorciers qui manipulent les énergies sur les autres. Néanmoins, lorsqu'on utilise notre magie intérieure pour et sur soi, cette loi du « *triple retour* » nous permet de prendre conscience des conséquences de nos choix.

Et les conséquences ne sont pas toujours celles que l'on imagine.
En essayant de nuire volontairement à une autre personne, c'est à soi-même que l'on fait du mal, et ce à plusieurs niveaux. En ayant pour dessein de nuire à une personne, on nourrit les sentiments et les émotions amers qu'on lui porte. C'est une manière de raviver de vieilles histoires qui ne devraient plus prendre autant de place en nous.
Et, dans une autre mesure, on pourrait se culpabiliser, avoir honte de nos actes ou avoir peur des conséquences pour n'en citer que quelques-unes.

Pour exercer ta magie afin de réaliser les souhaits de ton âme, tu as besoin d'espace intérieur et d'énergies positives. T'encombrer l'esprit et le cœur avec de l'amertume et dépenser ton énergie à des combats vains ne t'aideront nullement à matérialiser tes rêves.

LUMIÈRE / RESSOURCES

• Tu fais des choix conscients et prends des décisions éclairées.

• Tu sais ce qui contribue à ton bien-être.

• Ce que tu veux est bon pour toi.

• Ce que tu veux est animé par des intentions constructives.

• Tu tournes la page d'une vieille histoire qui ne te convient pas.

• Tu t'ouvres à de nouvelles rencontres, un nouveau travail ou de nouveaux projets bénéfiques.

OMBRE

• Ce que tu désires n'est pas réellement bon pour toi. Si tu ne t'en rends pas compte, tu le découvriras à moyen ou à long terme.

• Une chose doit se terminer pour ton plus grand bien, mais tu résistes.

• Tes actions ou tes désirs sont, consciemment ou inconsciemment, influencés par des émotions communément appelées « négatives ». Tu es motivé par de la colère, de l'injustice, de la jalousie ou, peut-être, l'envie de te venger.

• Tu dépenses ton énergie à réaliser des rêves qui ne sont pas vraiment les tiens ou à réaliser des désirs éphémères.

• Tu confonds besoins et envies.

• Tu ravives de vieilles histoires qui occupent bien trop de place en toi.

• Tes choix sont conditionnés par la peur.

SHADOW WORK • JOURNALING

Par quoi est animé ton désir ? Quelle(s) émotion(s) motive(nt) ton envie d'aller vers une direction ou d'obtenir une chose ?

Si tu parvenais à obtenir ce que tu souhaites, penses-tu que d'ici quelques mois, tu en serais encore très heureux ?

Ce que tu désires pourrait-il te nuire d'une façon ou d'une autre ?

Ce que tu désires pourrait-il volontairement nuire à une autre personne ? (Volontairement signifie que ton intention première n'est pas d'obtenir l'objet de ton désir mais bien de blesser une autre personne.)

Est-ce que les moyens utilisés pour obtenir ce que tu désires respectent le libre arbitre des personnes en âge de pouvoir décider par elles-même dans cette situation ?

Que penses-tu bon pour toi mais qui ne t'attire pas ? Pourquoi cela ne t'attire pas ?

Que penses-tu moins bon pour toi, mais qui, pourtant, t'attire ?

À ton avis, cette attirance, cette envie répond à quel manque ou à quelle blessure présente en toi ?

LE MIROIR

3

« Ce que tu vois en l'autre existe en toi et ce que tu es se projette à l'extérieur de toi. »

Projection · Reflet · Jugement

Si cette carte s'invite dans ton tirage, c'est pour te parler de « *l'effet miroir* ». Les autres et ce qu'il se passe dans ta vie reflètent ton propre monde intérieur.

Nous sommes continuellement en interaction avec les autres. À leur contact, on expérimente leurs actes et leurs modes de fonctionnement et, également, les nôtres.
De leurs lumières intérieures à leurs failles, on reconnaît

en eux les caractéristiques que l'on reconnaît en soi. Lorsque ces caractéristiques nous déplaisent chez les autres, bien souvent, c'est parce que nous les avons réprimées pour des raisons personnelles, morales, religieuses, éducationnelles, spirituelles ou encore culturelles.

Une autre raison pour laquelle un trait de personnalité et un événement vont profondément nous déplaire, c'est parce qu'ils réveillent en nous la mémoire d'une expérience passée douloureuse. On y réagit vivement afin de s'en protéger.

Nous projetons également nos attentes, nos idéaux et nos espérances sur les autres, surtout dans la sphère interpersonnelle. L'effet miroir est en action.

Cette carte t'invite à prêter attention à ce que tu projettes dans cette situation afin d'apaiser les esprits et les cœurs et de laisser la place à un peu plus d'équilibre et d'harmonie.

Si tu es convaincu d'une vérité concernant cette situation ou une personne, ton point de vue peut être déformé ou faussé par ta propre subjectivité, tes attentes et tes espérances. Il s'agit d'une manière inconsciente de te leurrer toi-même pour te protéger d'une déception ou d'une idéalisation.

Extrais-toi de ce que tu en penses et de tes croyances pour t'ouvrir à d'autres manières d'envisager les choses. En étant plus modéré dans ta perception, tu seras plus réaliste et plus juste pour toi et pour les personnes concernées.
Cet équilibre te permettra également d'apaiser ton monde

intérieur afin de trouver des solutions pertinentes et d'avoir une communication plus fluide et plus constructive.
En faisant la lumière sur ce que tu projettes sur les autres et les événements, tu t'épargneras bon nombre d'interprétations erronées en décryptant chaque action faite, chaque parole prononcée, chaque regard porté sur toi pour en comprendre le sens profond.
À défaut, tu risques de mal interpréter les intentions des autres.

MAGICK FLOW

Les autres et notre environnement reflètent, sur nous, ce qu'ils sont, et vice versa. Ils reflètent notre lumière, mais aussi nos failles, et vice versa.

Il est intéressant d'écouter ce que tu dis des autres pour en apprendre plus sur toi. Il est intéressant d'écouter ce que disent les autres de toi (et des autres) pour apprendre à mieux les connaître.

Par exemple, si une ou un collègue raconte des ragots à ton sujet pour te décrédibiliser professionnellement, il est fort probable que cette personne parle de sa peur de ne pas avoir autant de crédit qu'elle ne t'en accorde. C'est une manière pour elle de se rassurer afin de se sentir légitime aux yeux des autres en créant des comparaisons et en se positionnant au-dessus de toi. C'est une stratégie de revalorisation personnelle pour nourrir son estime personnelle défaillante.

Si l'on vient te raconter des ragots, ou si tu véhicules des ragots et des jugements sur une personne, demande-toi toujours quelles peurs et quelles souffrances se cachent derrière ces mots et ces comportements. Demande-toi ce que raconte réellement cette histoire.

D'autre part, ce que tu vis intérieurement s'incarne extérieurement en des événements que tu cocrées avec ton entourage. C'est la confrontation et les interactions entre vos mondes respectifs qui donnent naissance à des situations. Vos deux mondes intérieurs s'incarnent ainsi dans la réalité. Sois donc attentif à ce que tu projettes et à ce que projettent les autres pour affiner ta compréhension des événements et de la manière dont ils pourraient évoluer. Ces clés te permettront de pouvoir les devancer et de les apaiser si nécessaire.

LUMIÈRE / RESSOURCES

- Tu fais preuve d'écoute, de compréhension et d'empathie.
- Tu sais te mettre à la place des autres pour comprendre leurs points de vue et leurs raisons personnelles.
- Tu acceptes les « erreurs », car tu sais qu'elles auraient pu être les tiennes.
- Ton ouverture permet de débloquer la situation et d'ouvrir le dialogue.
- Tu acceptes les autres tels qu'ils sont.
- Tu crées tes propres opportunités.
- Tu fais les bonnes rencontres.
- Ton champ des possibles s'agrandit.

OMBRE

- Tu es dans le jugement et la critique.
- Le jugement, les préjugés et les a priori réduisent ton champ des possibles.
- Le manque d'ouverture crée involontairement des situations conflictuelles.
- Le dialogue est rompu. La communication est impossible.
- Ton monde intérieur conflictuel se matérialise dans ta réalité : conflits et déceptions.
- Tu es déçu par ton entourage.
- Les événements n'évoluent pas comme tu le souhaites.

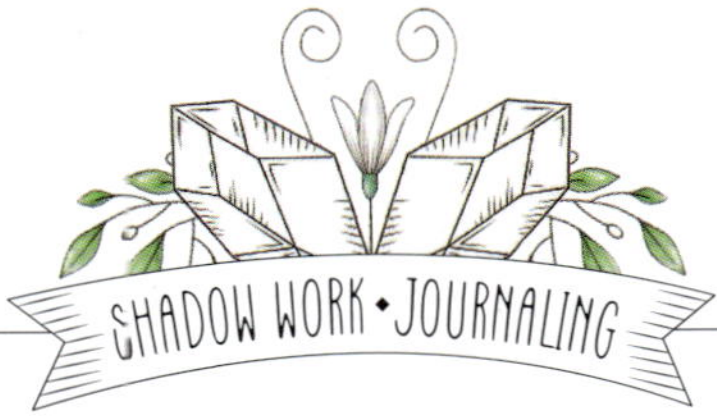

Que considères-tu comme des défauts chez une personne ?

Quels traits de personnalité t'horripilent chez une personne ? Pourquoi ?

Quel trait de caractère / personnalité détestes-tu ? Pourquoi ?

N'es-tu pas capable d'incarner ces traits de personnalité ?

Pourquoi te refuses-tu à les laisser vivre en toi ?

Si tu y réfléchis bien, ces traits de caractère n'auraient-ils pas malgré tout des avantages / des aspects positifs ? (Cherche bien.)

Dans cette situation, que critiques-tu ? Que juges-tu ?

Pourquoi ?

Dans cette situation, que reproches-tu aux autres ?

Pourquoi, selon toi, es-tu dans le vrai ?

Quelle(s) attente(s) de ta part se cache(nt) derrière ta réaction ou ton jugement ?

Aurais-tu pu réagir de la même manière que la ou les personnes que tu critiques ?

N'as-tu jamais réagi de cette manière ? Si la réponse est négative, pourquoi ?

En comprends-tu les raisons ?

MAGIE DE TERRE

4

« Les pieds profondément dans la terre et la tête dans les étoiles, je matérialise mes rêves. »

Ancrage · Solidité · Sécurité

L'élément *Terre* représente le monde matériel, la matière, le corps, les actions concrètes et l'argent.

Lorsque cette carte apparaît, elle t'invite à continuer à t'investir pour concrétiser tes rêves. La manifestation prend toujours un peu de temps avant de poindre le bout de son nez.

Si tu rencontres des obstacles (je préfère parler de défis), cette carte te murmure qu'il est nécessaire de conscientiser ce que tu es en train de créer dans ta vie.
Tes actions, ton approche et ton comportement vont-ils dans le sens de ton bien-être ? Vont-ils dans le sens de ton objectif et de ce que tu désires ?
Essaie de faire preuve de plus de réalisme dans tes projets en alignant ton attitude à tes aspirations et en te donnant les moyens concrets d'être en paix sur le sujet qui te préoccupe.

Face aux situations compliquées, adopte une attitude pratique et permets-toi d'être moins idéaliste pour plus de réalisme. Dans cette situation, le pragmatisme et les actions pratiques te sont vivement conseillés. Ainsi, certains blocages pourront se lever.

L'ancrage, c'est de savoir ce que tu veux, où tu vas, d'avoir des opinions assurées sur les événements et d'avoir suffisamment confiance en toi et en l'avenir pour être en mesure de te concentrer sur le présent. Tel le chêne majestueux s'élevant vers le ciel et profondément enraciné. Il sait que ni la pluie, ni le vent, ni la tempête ne le détourneront de ce qu'il est.

Quand tu ne te sens pas en sécurité, l'avenir peut devenir effrayant. Tu n'es déjà plus au présent car tu es dans une quête effrénée de ce que sera demain pour te rassurer, et il t'est difficile de faire des choix de peur de te tromper.
Fais confiance en tes capacités et en tes ressources pour répondre efficacement aux défis que tu peux rencontrer.
En ne sachant pas ce que tu veux, tu peux aisément changer d'opinions. Et il est très difficile de s'engager dans une voie

lorsque l'on ne sait pas quel désir nous animera demain. Tes bases ne sont pas suffisamment solides pour te sentir en sécurité afin de te décider avec fermeté.
Essaie d'identifier ce qui nuit à ce sentiment de sécurité qui te fait défaut.

Cela te permettra, notamment, de ne pas te laisser happer par les désirs et les opinions des autres. En étant sous influence, tu pourrais faire des choix qui, à moyen terme, pourront te satisfaire, mais qui, à plus long terme, ne sont pas ceux qui sauront t'apporter la sérénité.

S'il est bon d'écouter son cœur, cela ne signifie nullement que tu dois en oublier le sens des réalités. Ne prends pas de décisions qui seraient motivées par tes seules attentes affectives et émotionnelles en te faisant perdre ton discernement et ton bon sens des réalités.

En psychologie, l'ancrage est cette difficulté à abandonner la première impression que l'on a d'une personne, d'un sujet, d'un projet ou d'une situation. Ne pas avoir une opinion du type girouette – c'est-à-dire continuellement changeante – est une bonne chose. Néanmoins, rester sur ses positions ou son opinion obstinément, surtout quand les circonstances démontrent le contraire, crée des conflits et des erreurs de jugement. Observe les faits et ouvre-toi à d'autres possibilités.

Et, enfin, si tu prends soin de ton âme et de ton esprit, il ne faut pas négliger ton corps. Si tu es dans une quête d'élévation spirituelle sans prendre en compte tes besoins physiologiques et en négligeant tes besoins fondamentaux, tu vas perdre ton énergie, ta santé et ton sentiment de sécurité. Prends soin de toi dans ton intégralité, car ton corps est le temple de ton âme.

MAGICK FLOW

La *Terre* représente également tout ce que tu accomplis concrètement pour manifester tes souhaits dans ta réalité : ton comportement, tes réactions, tes actions, tes décisions, tes interactions avec les autres et comment tu prends soin de ton corps et de tes besoins fondamentaux.
La Magie de Terre t'invite donc à prendre conscience de tous ces points afin de maîtriser les énergies que tu crées et la manière dont elles se manifestent concrètement dans ta vie.

Un bon ancrage te permet de ne pas être ébranlé par les opinions et les actes des autres, tu n'es donc pas influençable et ne changes pas d'avis constamment. En étant ancré, tu es également capable de t'adapter à l'évolution d'une problématique en gardant les pieds sur terre.

LUMIÈRE / RESSOURCES

- Tu es réaliste.
- Tu as un esprit pratique.
- Tu sais comment mener à bien tes projets.
- Tu n'as pas peur de l'avenir.
- Tu sais où tu vas.
- Tu as confiance en toi et en tes capacités.
- Tu te sens solide.
- Tu parviens à vivre le moment présent.
- Tu sais être pragmatique quand cela est nécessaire.

- Tu sais t'adapter à l'évolution d'un projet ou d'une situation.

OMBRE

- Manque de discernement.
- Influençabilité.
- Sentiment d'insécurité.
- Indécision.
- Peur de l'engagement.
- Rêveries et illusions.
- Autosabotage.

SHADOW WORK • JOURNALING

Te sens-tu en sécurité ?

Qu'est-ce qui t'insécurise ?

Dans quel domaine de ta vie ne te sens-tu pas en sécurité ?

Que fais-tu pour essayer de te rassurer ? Est-ce que cela fonctionne ?

Que pourrais-tu mettre en place pour te rassurer sans détourner ou fuir ce qui t'effraie ?

Dans ta situation, quel comportement ou quelle attitude pourrais-tu améliorer pour être en phase avec ce que tu désires pour toi ?

MAGIE D'EAU

5

« J'apaise mon monde intérieur pour être à l'écoute des murmures de mon âme. »

Émotions · Imagination · Intuition

L'élément *Eau* représente les émotions, les sentiments, l'intuition, l'imagination et l'inconscient.

Lorsque cette carte apparaît, elle vient te parler de ton intuition et de tes perceptions psychiques.
Si, actuellement, tu es très réceptif, écoute attentivement tes perceptions et ce que ta guidance intérieure te murmure. Ce sont tes boussoles internes.

Si tu doutes de ce que tu peux pressentir, il y a certainement une raison à cela.
Avant de te fier à 100% à ce que tu pressens, demande-toi si tu différencies convenablement intuition et émotion.
En effet, il est très facile de les confondre.

Car, selon ce que tu vis actuellement, ton monde émotionnel et tes sentiments peuvent être influencés par ton imagination et perturber tes capacités intuitives.

Tu peux alors aisément imaginer la suite des événements en te basant sur tes espérances ou sur tes peurs, et croire que les informations que tu reçois découlent de tes capacités intuitives. Si tu dramatises ou, au contraire, si tu idéalises exagérément la suite de l'histoire, il est probable que tu confondes alors intuition avec angoisses ou désirs. Tu projettes ce que t'effraie ou ce que tu espères.

Les émotions résultent de la rencontre de notre monde intérieur avec notre environnement.
Nous réagissons à des paroles, à des actes, à des événements et à des rencontres.
Les émotions peuvent être agréables ou désagréables. Ce que nous nommons communément les émotions positives et les émotions négatives.
Toutes les émotions sont utiles, car elles te permettent de t'orienter, de te comprendre ou encore de préserver ton intégrité. La peur, par exemple, est une réaction face à un danger potentiel afin que tu puisses tout mettre en œuvre pour te sentir en sécurité.

Lorsque tu ressens une émotion, tout un processus chimique et physiologique s'organise.
Lorsque nous ressentons des émotions désagréables, il est donc difficile de les faire disparaître en un seul coup de baguette magique !
C'est notamment la raison pour laquelle il est parfois très compliqué – voire impossible – d'avoir des pensées positives lorsque nous sommes soumis à cet arsenal chimique qui s'allie très souvent à nos pensées. Des émotions aux pensées, et vice versa, cette ronde folle peut exercer une réelle emprise sur toi.

Pour différencier intuition et émotions envahissantes, prends du recul sur ce que tu vis afin de ne plus baigner dans les énergies actuelles. Extrais-toi de ton mental en occupant ton esprit avec des activités qui te font du bien. Cette mise à distance te permettra de retrouver la paix intérieure, puis de ressentir le monde différemment afin que ton intuition puisse enfin s'exprimer librement sans parasitage.

Il est également possible que tu te sentes particulièrement agité, que tu ne parviennes plus à te concentrer sur tes tâches et tes activités quotidiennes. Tu as certainement besoin de canaliser tes émotions en fixant ton attention sur une tâche à la fois.

MAGICK FLOW

Tes émotions et tes sentiments ont une réelle influence sur tes choix et ton comportement. La *Magie d'Eau* est l'art subtil d'orienter sa pensée et son imagination pour ressentir des émotions ciblées au préalable et, de préférence, ayant une fréquence vibratoire similaire à ce que tu désires attirer dans ta vie.

Si, par exemple, tu as continuellement peur, tu seras dans l'incapacité de prendre les décisions susceptibles d'attirer à toi le meilleur. Tes décisions auront comme seul objectif de te mettre à l'abri de ce que tu penses être un danger.
Si tu es en colère, tu agiras constamment de manière à faire entendre ta voix en imaginant pouvoir apaiser ce profond sentiment d'injustice qui se révolte au creux de toi.

La *Magie d'Eau* te permet de gérer tes émotions afin qu'elles puissent s'harmoniser à ce que tu as envie de voir arriver dans ta vie.
Lorsque tu ressens une émotion désagréable, la première chose à faire est de t'éloigner de ce qui a contribué à réveiller cette émotion, puis de te détourner de ce que tu ressens et des pensées qui y sont liées.

Comment ? Détourne ton attention vers quelque chose de positif. C'est une des raisons pour laquelle les activités comme le coloriage, les activités créatives, ou encore les méditations fonctionnent très bien pour gérer ses émotions. Néanmoins, si ce qui t'affecte est plus profond, le résultat sera éphémère. Auquel cas, un profond travail sur soi sera nécessaire.

Une fois cette émotion désagréable éteinte, tu seras bien plus disposé à cultiver des pensées positives qui pourront t'aider à réfléchir sur les origines de cette émotion tout en te sentant bien mieux.

LUMIÈRE / RESSOURCES

- Ton imagination te permet d'être créatif.
- Tu es à l'écoute de ton intuition.
- Tu comprends ce que les autres ressentent.
- Tu comprends ce que tu ressens.
- Tu parviens à objectiver tes émotions.

OMBRE

- Tu as beaucoup de mal à gérer tes émotions.
- Tu ne parviens plus à te concentrer sur tes tâches.
- Tu ne parviens plus à réfléchir efficacement.
- Ta mémoire est défaillante.
- Tu ne comprends pas ce que tu vis.
- Attention à la dépression.
- Tu as du mal à exprimer clairement ta pensée.
- Illusions.
- Froideur et manque d'empathie.
- Charge émotionnelle paralysante.

SHADOW WORK • JOURNALING

Lorsque cette carte apparaît, elle t'invite à écouter ce que tu ressens, puis à aller en chercher l'origine.

Quel événement ou quel élément extérieur a été le déclencheur de cette émotion ?

Quand tu ressens une émotion dérangeante, arrête-toi quelques minutes pour la comprendre.

Que s'est-il passé pour que tu ressentes cette émotion ?

Quelles pensées t'ont traversé l'esprit à ce moment-là ?

Pourquoi as-tu pensé cela ?

Pourquoi cette situation ou cet événement te dérange ?

MAGIE D'AIR

6

« Surtout, pèse bien tes mots avant de les laisser s'envoler. »

Mental · Mots & pensées · Légèreté

L'élément *Air* représente les pensées, l'intellect, la raison, les mots et la communication.

Tu utilises la *Magie d'Air* au quotidien, machinalement. Tu crées des événements, tu te lances des sorts et tu fais des demandes à l'Univers sans t'en rendre compte.

Les Magies de l'élément Air se composent, entre autres, de la magie des mots et de la magie des pensées. Ces magies sont très puissantes et tu les utilises quotidiennement sans prendre pleinement conscience de ce que tu crées.

Lorsque cette carte apparaît, elle t'invite à conscientiser tes mots et tes pensées afin de comprendre ce que tu crées dans ta vie avec l'élément *Air*.

Dans ta situation, les mots et, de manière générale, la communication écrite ou orale peuvent dénouer les conflits et apaiser les cœurs. N'hésite donc pas à ouvrir le dialogue en choisissant minutieusement tes mots.

Être conscient de la manière dont tu utilises *la Magie d'Air* signifie aussi que tu dois découvrir tous les mots que tu t'adresses bien souvent de façon automatique.
Tu sais, les « *je suis nul, je ne suis pas capable, je ne mérite pas...* ».
Parfois, tu les emploies même à la deuxième personne du singulier comme pour te punir de quelque chose ou pour te gronder (« *Tu es vraiment stupide...* »). Vois-tu de quoi je parle ?

Tous ces mots négatifs que tu t'adresses ont un réel impact sur ta motivation, sur ton estime personnelle, sur ton potentiel et sur tes capacités.

En effet, ces énergies négatives que tu t'envoies sont tels de mauvais sorts que tu t'infliges. Pourquoi ? Car ces phrases sont des formules magiques qui te conditionnent à l'échec ou à l'abandon de tes rêves et de tes projets.

Sois attentif à ce type de monologue intérieur qui vient étouffer ton feu intérieur !
Au lieu d'être déçu par une de tes actions, accepte le résultat en y voyant une occasion de t'améliorer.

Au contraire, en t'envoyant des enchantements positifs, tu attises ton feu intérieur et t'ouvres au champ des possibles de tes capacités et exaltes ton potentiel. Alors, choisis-toi des mots et des pensées capables de t'encourager et de t'élever.

MAGICK FLOW

Le **verbe est créateur**, et tous les magiciens s'en servent pour modifier les événements. Aussi, **aligne bien tes mots à ce que tu désires**, car ils vont te permettre de changer le cours des événements.

Les mots incarnent les possibles en devenir et finissent par s'incarner dans la réalité.
Les mots ouvrent la porte des éventualités. Des possibles que tu projettes depuis ton imaginaire jusque dans ton esprit, là où tu vas les autoriser à exister. À partir de là, ils vont conditionner, d'une manière ou d'une autre, tes pensées et ton attitude. Et c'est ainsi qu'ils s'incarnent dans ta réalité.

Par exemple, si une personne te fait une déclaration d'amour, tu vas alors projeter un amour probable. À partir de ces projections, le désir de cet amour va (peut-être) grandir en toi jusqu'à lui laisser la possibilité d'exister concrètement dans ta vie.

Si tu dis une chose déplaisante ou agréable à une personne, tu te doutes bien que sa réaction ne sera pas la même, et que de tes mots choisis va naître une situation différente.
Un conflit – une fracture relationnelle – ou une proximité relationnelle selon ce que tu auras exprimé et les mots que tu auras employés.

Selon ton objectif ou ton désir, choisis en conscience les mots que tu utilises : Tu peux convaincre, te faire comprendre, apaiser un conflit, réparer, soigner, partager ce que tu ressens, réconcilier ou mettre de l'huile sur le feu, être blessant, ou encore séparer...

Tu es libre d'utiliser cette magie comme tu l'entends, néanmoins, accepte chacune de tes responsabilités et la réalité que tu vas engendrer même si le résultat te déplaît.

Ce qui est intéressant, c'est que derrière chacun des mots durs et sévères que tu as à ton encontre se cache la *Magie des Pensées.* En effet, chacun de ces mots cache une croyance que tu as sur toi.
Ce que tu dis reflète ce que tu penses et ce que tu penses reflète ce que tu crois.
Tes croyances, tes pensées et tes mots ont des effets très concrets sur ta réalité.

LUMIÈRE / RESSOURCES

- Tes mots guérissent les maux.
- Tu ouvres le dialogue.

• La communication douce et ouverte permet de débloquer les situations.

• Tu es capable de te motiver pour réussir.

• Tes pensées et tes mots sont stimulants pour toi, tes relations et les autres.

OMBRE

• Tu as des mots durs vis-à-vis des autres.

• Tu te juges négativement.

• Tes mots peuvent être blessants.

• Tu te conditionnes négativement.

• La communication peut être rompue.

• Dialogue de sourds.

• Incompréhensions.

SHADOW WORK • JOURNALING

Dans ton journal ou sur une feuille de papier, note toutes les pensées négatives que tu as à ton égard. En face de chacune d'elles, reformule cette pensée en une phrase positive.

Avec cet état d'esprit plus constructif, tu peux alors remplacer ces monologues négatifs par : *« je vais y arriver, je suis capable de... je mérite de... »*, etc.

Dès que tu te surprends à te dénigrer, remplace ta pensée négative par son versant positif.

Lorsque tu te surprends à avoir des mots durs te concernant, prends le temps de noter cette pensée dans ton journal et pose-toi 5 minutes pour comprendre la croyance qui se cache derrière ces mots.

As-tu souvent ces mots et cette pensée négatifs te concernant ?

Si c'est le cas, pourquoi penses-tu cela de toi ?

Penses-tu que les raisons que tu viens de définir sont vraiment justes (vraies) pour toi ?

Si oui, pourquoi ? Y a-t-il une histoire derrière cette affirmation ?

« Je nourris mon feu intérieur, ni trop ni trop peu, juste assez pour me sentir vivant, porté par mes envies. »

Feu intérieur · Motivation · Impulsion

L'élément *Feu* représente l'énergie vitale, la motivation, la volonté, l'ardeur, le courage, le rayonnement personnel et le pouvoir personnel.

Lorsque la *Magie de Feu* apparaît dans ton tirage, c'est toujours pour te parler de ton feu intérieur. Ce feu peut être destructif ou constructif. Il est toujours transformateur, c'est-à-dire qu'il transforme un état en un autre.

Si la passion et l'enthousiasme que tu avais jadis s'en sont allés, tu peux te sentir démotivé, vide de désirs et ne plus avoir l'envie de t'investir dans une relation ou dans un projet.

Si ta question concerne une relation qui s'éteint, il est toujours possible de raviver la flamme en resserrant vos liens. Transforme l'état de votre relation en prenant le temps de vous retrouver, en laissant plus de place à votre intimité et à tout ce qui vous rapproche et, surtout, en ne perdant pas de vue ces petites étincelles que vous aimez chez l'un et chez l'autre. Essayez de vous redécouvrir au lieu d'imaginer vous connaître parfaitement. En portant un regard curieux et neuf sur l'autre, vous laisserez la possibilité au merveilleux de s'installer de nouveau dans cette relation afin qu'elle puisse renaître.

Il est également possible que ton feu intérieur se soit transformé en colère. Si tel est le cas, interroge-toi sur l'origine profonde de cette émotion. Ce n'est qu'en découvrant son foyer que tu parviendras à trouver la clé pour éteindre ce feu qui peut facilement se déchaîner et faire des dégâts.

Dans le travail, si tu manques de motivation, demande-toi si cet emploi était un choix de cœur ou de raison. Si le cœur est absent, il sera difficile d'y faire naître une quelconque passion.
Si c'est le cas, c'est le moment pour toi de suivre tes élans et les appels de ton âme pour amorcer un grand changement vers un chemin bien plus épanouissant.

Si ce fut un choix de cœur, il est tout à fait normal d'avoir des baisses de motivation, surtout si tu rencontres des obstacles en ce moment. Ce qui importe est de savoir que la passion n'est pas complètement éteinte et qu'elle te permettra de voir en ces obstacles de nouveaux défis que tu es capable de relever.
Tu peux aussi te remémorer tes premières motivations, celles qui ont su te transcender dans cette activité. Dans toute activité, il y a des tâches que l'on apprécie bien moins que d'autres, c'est normal et passager.

Cette carte évoque aussi ce pour quoi tu t'investis. Ton feu intérieur est sacré, aussi sélectionne bien les causes pour lesquelles tu es prêt à consacrer ton temps et ton énergie. Choisis bien tes combats, car tous ne méritent pas que tu t'y consumes.

Sois attentif à tout ce qui te vole ton attention et donc ton énergie.
Tu ne peux pas être sur tous les fronts et tout assumer seul au risque de vivre un burn out et/ou de souffrir de charge mentale.

MAGICK FLOW

La *Magie de Feu* est une puissante magie, car le désir est l'essence même du vivant.
Que serions-nous sans cette force qui nous préserve et nourrit nos élans impérieux ? Que serions-nous sans cette envie d'avoir envie ? (Comme dit la chanson.)

Tout débute par une envie. Par cette force intérieure qui nous

donne l'élan du mouvement, le mouvement de la vie.
Sans ce feu intérieur, notre lumière intérieure vacille jusqu'à s'éteindre doucement.

Le *Feu* est une puissante énergie qui te pousse vers l'avant, t'insuffle cette volonté et ce courage pour mener à bien tes projets et réaliser tes rêves. C'est ce feu intérieur qui te fait sentir si vivant, porté par tes envies et tes projets.

Attention, néanmoins, ce feu, si tu l'attises à l'excès, il peut aussi te brûler les ailes et détruire. En déficit, tu te sens vide, sans motivation et sans envie. Car le feu s'éteint toujours si l'on ne le ravive pas régulièrement. Les flammes s'amenuisent et le foyer se meurt doucement. Pour qu'il reste vivace et chaleureux, le feu doit être nourri. Ni trop ni trop peu.
Le bonheur est toujours dans le juste équilibre.

LUMIÈRE / RESSOURCES

- Tu te sens vivant.
- Tu te sens porté par tes envies et tes projets.
- Passion constructive.
- Tu canalises ton énergie dans des projets qui t'exaltent.
- Tu es motivé et confiant.

OMBRE

- Attention aux colères.
- Surcharge de travail / burn out / charge mentale.

- Dispersion, tu commences de nombreux projets sans parvenir à les achever.
- Manque de motivation.
- Manque de courage, de combativité.
- Tu renonces.
- Passion destructrice.
- Envie de rien.

SHADOW WORK • JOURNALING

Quelle(s) activité(s) te passionne(nt) ?

Quand te sens-tu enthousiaste et plein d'ardeur ?

Qu'est-ce qui te donne des ailes ?

Si tu n'avais pas de contraintes, qu'aimerais-tu faire ou réaliser ?

C'était quand la dernière fois où tu t'es senti passionné par quelque chose ?

Et, aujourd'hui, où est passé cet enthousiasme ?

Que pourrais-tu mettre en place pour retrouver la passion des débuts de projet ou de relation ?

LE CHAUDRON

8

« La Magie est en moi, car je suis le lieu de tous les changements. »

Transformation · Magie & ressources

Le Chaudron symbolise les transformations intérieures, la régénérescence, la guérison, la fertilité, l'abondance, le processus alchimique et la renaissance.

Le Chaudron apparaît pour te rappeler que la magie est en toi et vient de toi.

L'objet de ta question laisse paraître que tu attends probablement quelque chose de l'extérieur pour amorcer un changement. Peut-être attends-tu qu'une personne ou qu'un contexte change pour avancer ou pour t'autoriser à croquer la vie à pleines dents.

Bien sûr, tu peux être soutenu et aidé dans tes projets et tes démarches par ton entourage, néanmoins, le plus gros du travail t'incombe.

En réalité, tu n'as pas besoin d'attendre un pouvoir extérieur, une approbation, un changement extérieur ou une intervention extérieure pour modifier ta réalité.
Il ne te manque aucun ingrédient pour te mitonner ta vie rêvée.

Le Chaudron, c'est le réceptacle de ton être, là où la chimie du corps et l'alchimie de l'âme opèrent. Il est le lieu de tous les possibles. Tu es ce chaudron, cet espace de transformation perpétuelle où, avec patience, tu concoctes ton devenir.

La magie, c'est avant tout un état d'esprit, une manière de voir le monde et une façon d'interagir avec ce monde. La magie est en toi et se propage autour de toi – par les énergies que tu émets et par tes choix et tes comportements – pour se manifester dans ta réalité.

Tu es le moteur, l'essence et le support à tous les changements que tu veux voir dans ta vie. Tout comme dans le chaudron, en choisissant ce que tu veux te mijoter pour chaque nouvelle journée, tu crées ta réalité.

Attise ton feu intérieur et sois le créateur conscient de ce que tu veux manifester dans ta vie.

MAGICK FLOW

Tu as toutes les ressources intérieures pour aller de l'avant et modeler ta réalité pour ton plus grand bien-être.

En te sentant responsable de ta vie, tu te donnes les moyens d'accéder à de nombreux champs des possibles, car, au lieu d'attendre qu'un événement vienne bouleverser ta vie, tu sais que tu as le pouvoir de changer maintenant ce qui ne te convient pas.
Attendre que la vie décide pour toi, c'est prendre le risque de ne pas pouvoir maîtriser la manière dont ce changement va se dérouler.

Si tu veux du changement, tu peux à tout moment décider de l'amorcer avec les ingrédients-outils à ta disposition.
Il ne s'agit pas de tout bouleverser sans t'être assuré de sécuriser autant que possible cette nouvelle voie, mais simplement de te donner les moyens de réussir ce changement.
Les grands changements sont rarement vécus dans la facilité, donc, si tu amorces des changements importants, prépare-toi aussi émotionnellement et psychologiquement.

Il suffit parfois de le décider avec force et conviction sans attendre d'être au pied du mur pour n'avoir d'autres choix.
Prépare-toi au changement et fais ton choix.

LUMIÈRE / RESSOURCES

• Ce que tu vis intérieurement est le signe de transformations intérieures positives qui te permettront de changer concrètement ta vie.

• Tu sens de jeunes motivations et aspirations naître au creux de ton être. Voilà les signes de transformations importantes qui commencent à se manifester dans ta vie : de nouvelles envies et de nouvelles idées ébauchent leurs racines.

• Tu trouves le courage et la force pour t'élancer vers l'inconnu, faire le premier pas, démarrer un nouveau projet, une nouvelle relation.

• Tu te sens prêt à bouleverser ton quotidien pour ton plus grand bien.

• Tu te sens empli d'énergies bienfaitrices.

• Même si tu as peur d'amorcer ce changement concret, tu transformes cette peur en excitation, curiosité et défi à relever.

• Tu crées consciemment ta réalité.

OMBRE

• Tu stagnes, tu as l'impression de ne pas avancer, tu es insatisfait de ce que tu vis.

• Tu ne te sens pas prêt pour amorcer les changements nécessaires.

• Tu peux fuir tes responsabilités. Pour toi, c'est l'extérieur, les autres, les événements qui sont les causes de ce qui ne fonctionne pas dans ta vie.

• Tu attends que ton environnement, l'extérieur ou le contexte changent pour te remettre en mouvement. Il te manque quelque chose qui en serait le déclencheur.

- Tu attends des autres qu'ils t'apportent ce dont tu as besoin.
- Tu trouves des raisons pour ne pas aller là où ton âme veut t'emmener.
- Tu peux exagérément t'investir dans des formations, ou encore prendre énormément de temps avant de faire un choix.
- Tu te sens impuissant face aux expériences actuelles.

SHADOW WORK • JOURNALING

Si tu as peur d'aller dans une direction, si tu sens un blocage qui t'empêche de te réaliser ou d'atteindre un de tes objectifs, pose-toi quelques minutes afin de comprendre ce qui te retient.

As-tu des pensées décourageantes ou déstabilisantes ?

As-tu une mauvaise impression, des émotions qui ne t'encouragent pas à aller dans ce sens ?

Crains-tu l'investissement nécessaire à cette voie ?

Si tu réponds « oui » à l'une de ces questions, il est évident que tu sous-estimes tes ressources intérieures.

De quoi penses-tu manquer pour oser faire le premier pas ?

Attends-tu quelque chose pour te permettre de vivre ce que tu aimerais vivre ? Si oui, qu'attends-tu ?

Comment pourrais-tu faire sans « l'ingrédient » dont tu penses manquer ?

Quel autre « ingrédient » pourrais-tu utiliser pour remplacer celui dont tu manques ?

Trouve cette ressource qui fera parfaitement l'affaire et ose vivre tes rêves.

Qu'arriverait-il si tu osais te lancer sans « l'ingrédient » que tu attends ?

Si ce sont tes pensées qui te rendent fébrile, applique-toi à les contredire, car les pensées découlent de tes croyances, et les croyances sont toujours dysfonctionnelles quand elles te handicapent.

Tu es bien plus que ce que tu crois être. Oui, tu es capable. Oui, tu es aimable. Oui, tu peux accéder à tous les champs des possibles. Seules tes croyances te convainquent du contraire. Mais tant que tu n'auras pas essayé par toi-même, tu ne sauras pas ce qu'il en est vraiment, n'est-ce pas ?

LE GRIMOIRE

9

« Je réécris mon livre de connaissances en vivant de nouvelles expériences. »

Mémoires · Enseignement · Transmission

Le Grimoire est le livre ultime de connaissances en magie. Il est la mémoire des expériences et des croyances du mage et de la sorcière. Ils y ont consigné : les conclusions de leurs expériences magiques, ce qui a fonctionné, ce qu'ils en ont déduit, comment atteindre leurs objectifs et comment manifester un résultat avec des rituels et des sortilèges. On y trouve aussi leurs propres croyances spirituelles et ésotériques. Le grimoire est également le livre ultime de connaissances qui se transmet, parfois, de génération en génération.

Dans ta vie d'âme magique incarnée, le grimoire ressemble à ta mémoire épisodique (ou autobiographique) où sont archivés les souvenirs de tes expériences passées.
À partir de ces souvenirs, tu as fait des déductions de ce que tu as vécu : tes connaissances et tes croyances du monde extérieur et la manière dont tu te situes par rapport à ce monde. C'est donc dans ces mémoires que s'est inscrit ce que tu as appris de tes expériences passées.

Tout comme dans un grimoire, tu trouves dans ta mémoire : tes expériences de ce monde, tes connaissances de ce monde et de toi-même, ce que tu en as déduit sous forme de croyances sur toi et sur le monde.

À partir de ces enseignements, tu as créé ton système de croyances ainsi que les jugements et les valeurs qui y sont liées. Les jugements sur toi, sur les autres, sur ce que tu vis, sur ton environnement et sur le monde en général.

C'est dans ce terreau que se crée ta personnalité avec ses faces lumineuses et ses faces sombres.
Lorsque ces croyances te portent et t'aident à réaliser la vie que tu espères, elles deviennent une assise solide capable de te transcender.
Mais lorsque ces croyances te retiennent, te nuisent, t'empêchent de t'épanouir pleinement en te handicapant dans la réalisation de tes souhaits, elles créent des blocages de manière concrète.

Ta mémoire personnelle n'est pas la seule à être la source de tes croyances. Les mémoires familiales se transmettent aussi de génération en génération.
Ce sont les croyances transgénérationnelles. Elles ont émergé à partir des expériences d'un de tes parents ou de tes grands-parents, par exemple. Lorsqu'elles résultent d'expériences traumatiques, elles s'inscrivent inconsciemment dans ton mode de pensées. Or ces croyances ne t'appartiennent pas même si elles vivent en toi. C'est important que tu puisses les identifier.

La carte *Le Grimoire* apparaît pour t'inviter à prendre conscience qu'un blocage intérieur est en action dans ta situation. Les circonstances actuelles résonnent avec une de tes expériences passées et déclenchent tout un système de croyances acquises dysfonctionnelles.
Elles sont dysfonctionnelles, car elles te handicapent aujourd'hui. Tu le ressens certainement émotionnellement.

En somme, cette situation réveille une de tes blessures de l'âme.
C'est un peu comme si tu voulais suivre la recette d'un sortilège avec des ingrédients magiques incorrects, le résultat attendu est voué à l'échec. Tu arriveras probablement à une réalisation, mais pas à celle espérée.

Cette carte t'invite à identifier ton blocage et à aller en quête de son histoire. Si tu ressens des émotions désagréables, demande-toi si tu as déjà vécu une expérience similaire, ou si cette situation ou ce contexte te rappelle quelque chose que tu as déjà vécu ou qu'une personne de ta famille a vécu. Une fois que tu as identifié ces points, tu seras en mesure de comprendre quelle déduction tu as faite de cette expérience et, par conséquent, quelles croyances ont pris naissance dans ce terreau.

MAGICK FLOW

Ta mémoire personnelle et ta mémoire familiale sont fondamentales pour ton équilibre et la construction de ton identité. Néanmoins, tu n'es pas obligé de garder toutes les connaissances acquises et toutes celles qui t'ont été transmises. Fais le tri !

Lorsque tu sens qu'une croyance te freine plutôt que de la soutenir, n'hésite pas à la remettre en question.
Retrouve ton regard d'enfant capable de s'émerveiller de ce qui t'entoure. Tout est toujours à redécouvrir. Récris ton grimoire personnel !

Prends de la hauteur et de la distance émotionnelle sur ce que tu vis et laisse-toi la chance de renouveler ton opinion sur toi-même, sur les personnes concernées et sur ton environnement.
Ainsi, tu pourras observer ta situation avec un regard neuf parce que tu seras sorti de ton système de croyances en ne jugeant ni les personnes, ni toi-même, ni la situation.

Garde les croyances qui te font du bien et révolte-toi contre celles qui te handicapent. Prouve-toi le contraire !

LUMIÈRE / RESSOURCES

- Tu peux trouver du soutien et des réponses auprès de tes proches.
- Les valeurs et les croyances familiales te permettent d'avancer sur ton chemin de vie en te sentant en sécurité.
- L'histoire familiale te permet de mieux te comprendre et de te libérer de certains blocages que tu rencontrais.
- Une expérience te permet de te créer de nouvelles croyances vertueuses qui viennent remplacer une croyance limitante.
- Tu apprivoises une peur en osant t'aventurer là où, jusqu'alors, tes préjugés te bloquaient.
- Tu te surprends toi-même d'être capable de réussir / de faire quelque chose d'important pour toi.
- Les blocages se dissipent petit à petit au fur et à mesure de tes prises de conscience sur toi-même.
- Tu es agréablement surpris par une personne ou une chose que tu imaginais différemment.

OMBRE

- Tu te sens bloqué par des peurs.
- Tu n'oses t'aventurer dans une voie qui t'appelle.
- Tu prédis négativement l'avenir parce que toi ou une personne proche avez déjà vécu une expérience similaire, ou encore parce que cela est dans « l'ADN familial ».
- Tu préjuges négativement de ce que sera demain et te mets, bien involontairement, dans des dispositions pour que ta prédiction se réalise
- Tu portes des jugements fermés et, parfois, généralisés sur

les hommes, les femmes, les relations, le travail, ton environnement, la société, etc.

• Tu échafaudes des stratégies d'évitement afin de ne pas te confronter à tes peurs. Cela te donne faussement la sensation de maîtriser ce qui va arriver dans ta vie.

• Tu ne te sens pas en sécurité.

SHADOW WORK • JOURNALING

Derrière chaque jugement se cache une croyance. Voilà donc un bon point de départ pour identifier la croyance qui te bloque. Voici quelques questions pour te mettre sur la piste.

Quelles pensées te bloquent dans ton cheminement ?

Pourquoi penses-tu cela ?

Si tu allais dans cette direction, selon toi, que se passerait-il ?

Pourquoi cela se passerait-il ainsi ? (Trouve une autre réponse que celle que tu as donnée pour la question : « Pourquoi penses-tu cela ? »)

Pourquoi, selon toi, cela ne pourrait-il pas se passer autrement que ce que tu as imaginé ?

As-tu, aujourd'hui, de manière concrète, des preuves de ce que tu avances concernant cette personne, ce travail, ce projet ou toi-même ?

Si tu as des preuves formelles qui appuient ta croyance, as-tu également des preuves du contraire ? (Cherche bien, et sois le plus sincère possible.)

Selon tes réponses, finalement, ne pourrais-tu pas revoir ton jugement ?

LA PURIFICATION
10

« Je me libère de tout ce qui me pollue afin de créer de la place pour tout ce que j'attends. »

Nettoyage · Libération · Sérénité

Si tu te sens fébrile, éreinté, irritable ou encore déprimé, il est peut-être temps de purifier tes énergies.

Ton espace extérieur ou ton espace intérieur sont pollués par des énergies qui t'appartiennent et par d'autres que tu absorbes en raison de ta grande sensibilité et de ton empathie.

Demande-toi ce qui pollue ton esprit et ton cœur. Quelle pollution intérieure as-tu laissée s'installer ? Ressens-tu de l'amertume, de la rancœur, de la colère ou de la tristesse ?
Laisses-tu les comportements néfastes des autres t'atteindre ? Es-tu blessé par des mots offensants, insultants ou agressifs ? L'attitude d'une personne ou le résultat attendu t'ont-ils déçu ?

Bien sûr, tu peux continuer à laisser grandir les mauvaises herbes dans ton jardin intérieur jusqu'à en être envahi et, surtout, littéralement étouffé et épuisé, psychologiquement, physiquement ou émotionnellement.

Ces mauvaises herbes sont simplement là pour t'alerter : si tu ne prends pas soin de ton jardin intérieur, il va perdre de sa splendeur.

Si ce que tu vis actuellement est déplaisant, dis-toi que cette expérience t'invite à mettre en lumière ton propre mode de fonctionnement, tes croyances et tes valeurs.
Une fois que tu as compris ces points, autorise-toi à laisser partir cette expérience en pardonnant ce qu'il s'est passé.
Évacue ta colère et ne nourris pas la rancune, car même si tu as été profondément blessé, ces émotions entretiennent un lien invisible toxique avec ce que tu as vécu et avec les personnes concernées.
Pardonner signifie que tu décides de te libérer d'émotions et de sentiments néfastes tout en ayant pris conscience de tes propres limites à respecter. Le pardon enclenche le processus de guérison.

Pardonne-toi quoi que tu aies pu faire. Pardonne-toi ta réaction. Tu as fait de ton mieux avec tes bagages personnels à ce moment précis de ton chemin. Inutile de ressasser ce que tu aurais dû faire ou dire.
Si tes pensées te sont désagréables, fais-y le ménage en te délestant de toutes celles qui te pèsent. Fais le tri dans tes pensées et le cœur suivra. Fais de la place pour accueillir de jolies pensées qui sauront t'égayer.

Si tu es en contact avec des personnes fragiles ayant une charge émotionnelle forte, il est essentiel que tu puisses te protéger de ce qu'elles dégagent en mal-être, en colère ou encore en toxicité. Tu peux faire preuve de sollicitude et de compassion, mais en n'oubliant jamais ton équilibre personnel.
Dès que tu te sens aspiré par leurs émotions, leurs revendications ou leur détresse, c'est le signe évident que tu dois t'en protéger : tu es en train de t'imprégner d'énergies qui ne t'appartiennent pas ou ton implication contribue à drainer ta réserve d'énergie. Tu peux aider sans porter les fardeaux qui ne sont pas les tiens.

MAGICK FLOW

Là où tu mets ton attention est là où tu mets ton énergie. Si tu occupes ton esprit à ressasser ce que tu ne peux pas ou plus changer, tu dépenses ton énergie à brasser du vent.

Si tu occupes ton esprit et ton cœur à nourrir des pensées désagréables, tu dépenses ton énergie à engraisser des monstres intérieurs qui prendront de plus en plus de place en toi.

Si tu veux créer ta vie afin qu'elle puisse t'enchanter, tu as besoin de toute ton énergie et de suffisamment d'espace intérieur pour accueillir ce que tu veux recevoir.

Libère-toi de toutes émotions perturbatrices, comme la culpabilité, la honte, la colère, la rancœur ou la tristesse.
Ne porte pas le fardeau des autres, tu peux soutenir et aider jusqu'à une certaine limite : ton bien-être.
Autorise-toi à pardonner et à te pardonner.
Ne pollue pas ton esprit et ton cœur par les propos et les croyances des autres à ton sujet.
Débarrasse-toi de tout ce qui ne t'appartient pas : les pensées, les croyances, les énergies de ton entourage et de ton environnement.

Remets toujours en question ce que les autres peuvent dire de toi.
Ne crois pas aveuglément tes propres pensées. Toutes tes pensées ne sont pas des vérités ! Demande-toi toujours si tu as la preuve irréfutable de ce que t'induit une pensée et n'hésite pas à la réfuter en trouvant la preuve du contraire.

Ce que peuvent penser les autres à ton sujet ne concerne qu'eux. Ce qu'ils pensent de toi et ce qu'ils peuvent en dire reflètent une part d'eux-mêmes.

Ne te pollue pas avec de la rancœur, des regrets ou de l'amertume. Ce qui est fait n'est plus à refaire, en revanche ce qui est fait peut être défait dans une certaine mesure, car tu peux toujours changer d'avis, faire marche arrière, revenir sur ce que tu as dit, consoler ou encore t'excuser.
Si aucune de ces options ne t'est disponible, alors laisse la vie continuer son flux sans te retourner.

LUMIÈRE / RESSOURCES

• Tu as la possibilité de te libérer d'un fardeau, d'assainir les bases d'une relation ou d'un projet. Une libération de ce qui te pèse est possible.

• Une nouvelle expérience te permet de comprendre tes limites et les valeurs qui te sont chères, accueille-la chaleureusement.

• Une nouvelle conscience te permet de faire table rase du passé.

• Tu t'ouvres à plus de compréhension et de bienveillance vis-à-vis des autres et de toi-même.

• Le dialogue redevient possible afin de dénouer sereinement une situation.

• Tu t'ouvres aux points de vue différents et aux vérités qui ne sont pas tiennes.

• Tu libères ton esprit de toute pollution pour te concentrer sur tes projets et tes objectifs.

• Tes croyances sur la situation et sur toi-même évoluent, se modifient positivement.

OMBRE

• Tu n'arrives pas à pardonner des mots, des comportements ou des actions qui t'ont blessé.

• Tu ressasses le passé, ce qui s'est passé, la machine à fabrique des pensées « négatives » s'emballe sans que tu réussisses à l'arrêter.

• Tu te refais l'histoire dans ta tête, en te reprochant ce que tu aurais pu dire ou faire.

• Tu ressens de la colère, de la rancœur, de la tristesse, de la culpabilité ou de la honte.

• Tu ne parviens plus à te réjouir des cadeaux du présent et à projeter un avenir radieux.

• Tu te sens fatigué et tu as du mal à effectuer tes activités quotidiennes. Tu as des difficultés à te concentrer, car ton esprit est pollué. Tu te sens vidé par les problèmes des autres.

SHADOW WORK • JOURNALING

Qu'est-ce qui te pollue intérieurement ? Comment peux-tu y remédier ?

Si tu es sous le coup de propos qu'on t'a tenus, ces propos t'étaient-ils vraiment personnellement destinés ? (Souvent, nous prenons trop personnellement des mots qu'on nous adresse et qui, pourtant, expriment surtout une émotion négative ou une frustration qui demandent à être comprises.)

Ne les prends-tu pas trop à cœur ?

Que ressens-tu ?

Quelle pensée ou quel événement ont été les déclencheurs des émotions que tu ressens aujourd'hui ?

Pourquoi cela est si important pour toi ? L'est-ce réellement ?

Qu'est-ce qui t'empêche de pardonner / ou de te pardonner ?

LE PENDULE
11

« Il n'y a pas de meilleur choix, il n'y a que des choix que l'on sait sublimer. »

Direction · Choix · Orientation

Le pendule est utilisé en radiesthésie divinatoire pour répondre à de nombreuses questions, dont les questions fermées nécessitant une réponse par un OUI ou par un NON. En radiesthésie, le pendule est utilisé avec des planches ou des cadrans de radiesthésie (nommés « abaques ») pour répondre à de nombreux besoins, comme pour mesurer le taux vibratoire ou encore pour dater les événements. Seules les limites de notre créativité peuvent limiter l'utilisation du pendule, car tout le monde peut créer des planches de radiesthésie selon ses besoins.

Quand cette carte s'invite dans ton tirage, il y a souvent un choix à faire ou une décision à prendre qui se cache derrière la question que tu poses.

De nouvelles perspectives s'ouvrent à toi, et tu devras faire un choix.
Un nouveau champ des possibles est là, à ta portée. Avec sa part d'inconnu et sa part de surprises.

Tu te sens certainement perdu, car tu n'arrives pas à te décider. Tu ne sais pas quel est le meilleur des choix.

Tu te sens, peut-être, dans une impasse, tiraillé entre ta raison et ton cœur. Entre le meilleur choix pour d'autres et le meilleur choix pour toi.

Tu crains les conséquences, tu as peur de te tromper et de le regretter.

Faire un choix, c'est sacrifier des possibilités d'avenir... et c'est bien ce sacrifice qui nous laisse penser que l'on risque de regretter le choix que l'on a délaissé, c'est-à-dire un éventuel bonheur qui était à notre portée et que l'on aura laissé nous échapper.

Les choix de raison sont les plus tentants, car ils sont rassurants, mais ce ne sont pas souvent ceux qui nous promettent un avenir pleinement épanouissant.

Les choix de cœur sont souvent les plus audacieux, car ils impliquent de se lancer vers l'inconnu, néanmoins, ils promettent souvent le bonheur.

Les choix conscients, éclairés et pleinement assumés, qu'ils soient de raison ou de cœur, sont ceux de tous les possibles, car, finalement, ce qui compte, c'est de savoir se satisfaire du présent sans imaginer que l'herbe pourrait être plus verte ailleurs.

De toutes les façons une fois ton choix consommé, tu ne sauras jamais réellement ce que les autres possibilités auraient pu t'apporter. Tu peux l'imaginer et le fantasmer, mais l'imagination et le fantasme ne sont pas réalités.

Ne mets plus ta vie en pause, pèse et sous-pèse les possibilités, prends en compte tous les signes avant-coureurs qui en disent déjà long sur ce que tu pourrais rencontrer sur chacun des chemins et remets-toi en mouvement en acceptant de vivre pleinement ces nouvelles expériences.

MAGICK FLOW

Il n'y a pas de mauvais choix, il y a tout un panel d'expériences à vivre. Le meilleur choix est celui que l'on sait sublimer.

Quelle que soit la direction que tu choisis, tu rencontreras toujours des jours ensoleillés et des jours pluvieux durant ton voyage.

En revanche, si tu fais un choix à contrecœur, la pluie risque de se transformer en tempête intérieure. Car un coeur qui n'a plus de raison de battre la chamade est un coeur qui se révolte pour ne pas s'éteindre.

Ce qui est important, ce n'est pas le choix en lui-même.
Ce qui importe est de choisir en conscience.
C'est-à-dire d'accepter ce qu'il adviendra sans jugement ; et d'être confiant en ses ressources intérieures pour pouvoir réagir sainement aux conséquences.

Tu peux parfaitement laisser la vie ou les autres décider pour toi. Ne pas décider est aussi un choix.
Néanmoins, laisser les autres ou la vie décider pour toi, c'est créer la suite de ton histoire par procuration. Tu te désistes du premier rôle de ton histoire personnelle en renonçant à ton pouvoir.
Si tu choisis de laisser les autres écrire ta propre histoire, tu prends le risque d'être déçu par les chapitres suivants.
Penses-y.

LUMIÈRE / RESSOURCES

- Tu suis la bonne direction.
- Peu importe où ce voyage t'amènera, tu es confiant.
- Peu importe la direction, seul le voyage compte.
- Tu seras satisfait de ton choix.
- Tu n'as pas de regret.

OMBRE

- Tu laisses les autres décider pour toi.
- Tu laisses les circonstances décider de ton avenir.
- Tu reproches aux autres des choix qu'ils ont faits pour toi.
- Tu es insatisfait de la suite des événements.
- Tu n'assumes pas les conséquences de tes choix.
- Tu regrettes de ne pas avoir saisi ta chance ou de ne pas avoir essayé.
- Tu tergiverses à n'en plus finir et tu t'en culpabilises.

SHADOW WORK • JOURNALING

Quels sont les choix les plus difficiles ? Ils concernent, de manière générale, quel domaine de ta vie ?

Quel aspect te crée le plus de blocages : l'aspect matériel, l'organisation, le relationnel, l'affect ou autre chose ?

Pour t'aider à faire un choix entre plusieurs options, je te propose un petit exercice.

Sur une feuille de papier ou ton journal, fais une colonne pour chaque option qui s'offre à toi.

Dans chaque colonne respective, note les côtés positifs de cette option, une ligne après l'autre. Et devant chaque point positif, mets une note de 1 à 5.

1 étant un peu positif et 5 étant très positif.

Maintenant, fais exactement la même chose avec les points négatifs de cette option, une ligne après l'autre. Et devant chaque point négatif, mets une note de 1 à 5.

1 étant un peu ennuyeux et 5 étant vraiment perturbant.

Fais exactement la même chose pour chacune des options qui s'offrent à toi.

Puis, pour chacune des options, additionne les notes positives entre elles et les notes négatives entre elles.

Normalement, l'option dont la somme des notes des points positifs est la plus élevée devrait être celle qui te conviendrait le mieux.

Quelle que soit l'option que tu choisis, maintenant tu vas reprendre tous les points négatifs que tu lui avais trouvés, un à un et, à côté de chacun d'eux, noter les différentes solutions que tu pourrais mettre en place pour y remédier ou pour les gérer.

Une fois cela fait, mets une nouvelle note de 1 à 5 à ces points négatifs.

1 étant un peu ennuyeux et 5 étant vraiment perturbant.

Normalement, si tu comptabilises ces notes, la somme de ces points négatifs devrait avoir diminué.

Cet exercice devrait t'aider à conscientiser tes peurs et mettre des mots sur tes inquiétudes, conscientiser les atouts de chaque option et, enfin, te permettre de trouver des ressources pour chaque obstacle que tu penses rencontrer.

« À l'ombre de mon regard se cachait un trésor. »

Ombre · Connaissance et acceptation de soi

Le *Shadow Work* est un travail d'introspection qui permet de mettre en lumière les parties de soi qui sont cachées ou que l'on refoule. Il signifie « *le travail de l'ombre* » en référence au psychiatre suisse *Carl Gustav Jung* qui nomma cette part de nous influençant nos pensées, nos désirs, nos émotions et nos comportements : l'*ombre.* Cette part de nous est très souvent ignorée et s'exprime au travers de conflits psychiques créant, notamment, des blocages, des émotions difficiles, des pensées déstabilisantes et des non-acceptations (rejets) de certaines parties de nous.

Nous avons tous une part d'ombre qui fait partie de notre personnalité. Mais nous avons tous tendance à l'occulter, car l'ombre cache bien des secrets qui nous sont douloureux et parfois inavouables.

Pourtant, les relations que nous créons avec soi et les autres, les décisions que nous prenons, notre manière d'interagir avec notre environnement, nos pensées et nos émotions sont influencées par notre ombre.

Cette connaissance de toi te permettra d'élever ta conscience sur qui tu es, d'apprendre pourquoi tu peux réagir de manière violente, douloureuse ou encore disproportionnée face à un événement. Elle te permettra également de comprendre ta manière de penser, de ressentir et d'interagir avec les autres et ton environnement.

En allant à la découverte de toi, tu parviendras à éviter, à ton rythme, tes comportements nuisibles, tes habitudes et attitudes qui te rendent malheureux. Tu seras dans une nouvelle énergie qui te donnera les clés pour créer des événements heureux. Il y a de belles récompenses au travail de l'ombre. Aussi, connaître ta part d'ombre, c'est un peu comme découvrir des trésors insoupçonnés.

Si cette carte te rencontre aujourd'hui, c'est pour t'inviter à prendre du recul sur ce que tu vis actuellement, car ce que tu es en train de créer prend ses racines dans ton ombre.
Tu te sens alors émotionnellement submergé, tu peux ressentir de la peur, avoir envie de fuir ou encore réagir de

manière disproportionnée ou maladroite face à des circonstances ou des paroles échangées. Il est temps pour toi de comprendre pourquoi cet événement te met dans cette spirale émotionnelle.

MAGICK FLOW

Nos pensées, nos émotions, nos sentiments, nos intentions et nos interactions avec les autres et l'extérieur génèrent des énergies qui se matérialisent dans des événements et des situations que nous créons et cocréons.

Tous les domaines de notre vie sont touchés par ces énergies.

Ce n'est pas un hasard si tous les mages savent que le plus grand des pouvoirs est la connaissance de soi. **Se connaître, jusqu'à son ombre, c'est maîtriser les énergies que nous générons et utilisons pour créer notre présent et notre avenir**.

Il est donc très important de faire la démarche volontaire d'aller explorer les parties de soi que tu ne connais pas : ton ombre.
Il n'y a aucune honte à avoir, car derrière chaque humain se cachent des blessures inconscientes s'exprimant à notre insu dans notre quotidien. Cette ombre fait partie intégrante de chaque personnalité. Elle a juste besoin d'être comprise, acceptée puis apprivoisée.

LUMIÈRE / RESSOURCES

• Tu vis une expérience qui va beaucoup t'apprendre de toi.

• Une prise de conscience sur ton mode de fonctionnement va te permettre de te sentir plus serein, plus connecté à ton être véritable.

• Tu es sur un chemin d'évolution très positif pour toi où la qualité de tes relations va s'améliorer, où tes choix seront plus conscients et en adéquation avec les aspirations de ton âme.

• Tu te sentiras bientôt bien plus serein et en sécurité.

• Tu as commencé un travail sur toi qui commence à porter ses fruits, félicite-toi, car tu peux être fier de toi ! Surtout, continue !

• Tu t'acceptes de plus en plus tel que tu es, sans avoir honte des défauts que d'autres peuvent te trouver.

• Tu assumes tes parts d'ombre et deviens moins susceptible et moins sur la défensive.

• Tu es de plus en plus confiant en la vie et en l'avenir.

OMBRE

• Une ancienne mémoire douloureuse ou traumatique s'est réveillée lors d'un événement, et tu n'arrives pas à comprendre pourquoi tu réagis de cette manière et pourquoi tu te sens mal.

• Tu te sens bloqué, tu ne sais pas comment réagir et que faire.

• Tu te sens terrorisé sans en comprendre les raisons profondes.

• Tu as des comportements nocifs ou toxiques pour toi ou pour les autres, et tu n'arrives pas à te comporter autrement (c'est plus fort que toi, car cela te rassure ou te fait du bien sur le moment).

- Tu t'isoles pour te sentir en sécurité.
- Tu échafaudes des stratégies pour calmer tes angoisses et/ou pour éviter de te confronter à une situation qui te met mal à l'aise ou qui t'effraie.
- Tu en fais toujours trop ou pas assez, tu as du mal à trouver une juste mesure dans ce que tu entreprends et avec les autres.
- Tu te sens inadapté, incapable, rejeté ou honteux.
- Tu n'es pas satisfait de toi et/ou des autres.

SHADOW WORK • JOURNALING

Derrière ta réaction ou ton comportement se cache une peur. Voici quelques questions qui pourront t'aider à comprendre ses fondements.

As-tu peur de ce qu'il se passe déjà au présent ou d'une chose qui s'est passée ?

Pourquoi cette peur prend autant de place en toi ?

Que s'est-il passé jadis ou dans l'histoire de ta famille pour que tu aies peur aujourd'hui ?

Existe-t-il une expérience similaire dans ta famille ou durant ton enfance ?

Que se passerait-il si tu osais faire ce dont tu as peur ?

Et comment réagirais-tu si la raison de ta peur se confirmait ?

Pourquoi penses-tu que si ce que tu redoutes devait arriver, ce serait catastrophique ?

Pourquoi penses-tu que même si cela devait arriver, tu serais incapable de rebondir ?

Pour t'extraire de cet état, tu dois enquêter sur ta logique de pensée pour découvrir pourquoi tu raisonnes de cette manière.

Quelle histoire passée se cache derrière ta réaction actuelle ?

As-tu appris que les gens et le monde se comportent de telle ou telle façon pour croire que l'histoire va se répéter ?

Es-tu convaincu que ton histoire se répète, et qu'elle continuera à se répéter ?

De quoi manques-tu pour être convaincu que l'on va te voler ce que tu as ou que cela ne vaut pas la peine que tu t'investisses ?

Observe tes réactions disproportionnées par rapport à cette situation, elles révèlent quelque chose de plus profond sur toi.

Observe tes émotions désagréables et douloureuses, elles ont une histoire, une résonance, une mémoire qui se réactive.

Observe tes pensées, celles qui te plongent dans un mal-être, que cachent-t-elles ? Quelle histoire, quelle mémoire, quelle expérience ?

LA CHIROMANCIE

13

*« Je suis bien plus que ce que
je pense être. »*

Identité · Se réinventer · Se dépasser

La chiromancie est une pratique divinatoire qui a pour principal objectif d'étudier la destinée et la personnalité d'un individu à partir des formes, des volumes et des lignes de la main.

Lorsque cette carte apparaît dans ton tirage, c'est pour te parler de la manière dont tu te définis, c'est-à-dire l'image que tu as de toi.

Cette définition que tu as de toi-même trouve sa source dans ce que tu as entendu et ressenti durant ton enfance, et dans l'image de toi que tu t'es construite au gré de tes expériences et de tes rencontres.

En somme, l'image que tu as de toi est conditionnée par ton âge, tes expériences, ce que les autres pensent de toi et ton environnement.

N'as-tu jamais entendu dire « *tu es comme ton père, ta mère, ta tante, ta grand-mère* » ou un autre membre de la famille ? Ou encore que « *les chiens ne font pas des chats* » ?
Ces expressions signifient, en d'autres termes, que tu as hérité d'une part de ta personnalité.

N'as-tu jamais entendu dire, par des êtres proches ou à l'école, que tu étais « *comme ci* », « *trop comme ça...* », « *pas assez ceci...* » ?
Tu as avancé dans la vie en te construisant une image de toi basé sur ce que ton entourage en disait : leurs définitions de toi. Tu t'es, peut-être même, interdit de réaliser certains souhaits, ou d'exercer certaines activités, parce que l'on t'a affirmé que ce n'était pas pour toi.

Bien sûr, nous avons tous des talents et des prédispositions. Néanmoins, tout au long de notre chemin, on pourra soit les étouffer, soit les sublimer... et aussi s'en découvrir de nouveaux !

Nous évoluons et changeons continuellement au gré de nos expériences, du contexte, de notre âge, des personnes que nous fréquentons et de ce que nous avons appris de nos expériences passées.

Ne t'es-tu jamais surpris à réagir d'une certaine manière alors que, jusqu'alors, tu ne pensais pas avoir ce trait de personnalité ou cette compétence ?
Ta personnalité n'est pas figée. Tes ressources intérieures sont nombreuses.

Tu voudrais peut-être aller dans une direction sans oser le faire, car tu penses ne pas en posséder les compétences ou les qualités adéquates.
Les compétences s'apprennent et les qualités se développent.

Tu as peut-être été guidé vers une profession qui ne t'enchante pas vraiment, mais, aujourd'hui, tu n'oses pas aller vers une direction qui saurait mettre de la magie dans ton quotidien.

Tu es peut-être attiré par une personne, mais pour laquelle tu t'imagines ne pas correspondre.
Tu penses peut-être que tu ne pourras jamais changer et tu te culpabilises d'être comme tu es.
Tu ne te reconnais peut-être pas depuis quelque temps, te trouvant différent sans vraiment savoir si cela est une bonne chose ou pas.

Cette carte t'invite à te réinventer, car ce que tu penses te caractériser n'est plus d'actualité.
Aujourd'hui, tu vis une expérience différente, avec plus de maturité, un entourage et un contexte différents.
Tu as des ressources et des talents insoupçonnés et tu es invité à dépasser une image de toi désuète et figée.

Ce que tu vis te permet de mieux en apprendre sur toi, néanmoins, demande-toi si ton entourage ne met pas en lumière des parts d'ombre, ou te renvoie une image négative de toi. Si c'est le cas, et si tu ne parviens pas à t'en protéger, éloigne-toi quelque temps.

Et, surtout, si ton âme s'impatiente d'aller dans une direction, autorise-toi à explorer des voies que tu ne pensais pas être pour toi. Il n'y a qu'en les explorant que tu sauras. Quel que soit le résultat, tu en auras appris beaucoup sur toi.

MAGICK FLOW

Ce que tu crois être définit ce que tu penses être capable de construire dans ta vie. Ce que tu penses être capable de construire dans ta vie définit ce que tu vas construire, et donc ton devenir.
L'image que tu as de toi aujourd'hui peut donc limiter ton champ des possibles pour demain.

Les circonstances, l'époque et les autres influencent constamment qui nous sommes.
Nous ne sommes jamais la même personne. Nous évoluons. Il y a une base, un socle, qui est en permanence façonné, modelé par l'extérieur et par nos expériences.
Parfois, pour oser se diriger vers la voie de l'épanouissement personnel, il faut savoir se dépasser. Se dépasser signifie avoir le courage d'ouvrir son esprit et son cœur à d'autres « soi » possibles.

Et pour y parvenir, il est nécessaire de commencer par remettre en question ce que l'on pense de soi-même. Déconstruis l'image handicapante que tu as de toi pour te libérer de ce carcan réducteur afin d'emprunter le chemin du mieux-être et ainsi, te permettre de créer la vie que tu aimerais vivre.

Autorise-toi à te renouveler, à te réinventer afin de te transcender.

LUMIÈRE / RESSOURCES

- Tu oses sortir de ta zone de confort et tu te découvres des ressources et des qualités nouvelles.
- Tu te surprends agréablement à pouvoir faire des choses que tu ne te pensais pas capable.
- Tu vis des expériences transformatrices qui augmentent ton estime personnelle.
- Tu fais la paix avec toi-même et gagnes en confiance personnelle.
- Tu te libères d'une croyance erronée sur tes capacités et tes ressources intérieures.

OMBRE

- Tu es trop influencé par ce que les autres pensent de toi.
- Tu es trop influencé par ce que les autres te disent être bénéfique ou pas pour toi.
- Tu es convaincu de ne pas être capable de faire une chose ou d'aller vers une voie.
- Tu t'interdis de faire ou de dire certaines choses, car tu ne penses pas pouvoir les assumer et tu as peur de (te) décevoir.

• Tu fais des choix basés sur l'image que les autres te renvoient de toi-même.

• Tu ne sors pas de ta zone de confort même si elle n'enchante plus ton cœur.

• Ton entourage a un impact négatif sur l'image que tu as de toi.

• Tu as l'impression que tu ne pourras jamais te comporter et être différemment.

• Tu n'es jamais satisfait de toi et/ou des autres.

Selon toi, quelles facettes de ta personnalité (ou traits de caractère) te handicapent ?

Pourquoi t'es-tu identifié à elles ?

As-tu entendu dire que tu avais ces traits de personnalité ?

Est-ce la conclusion que tu en as faite suite à une expérience passée ?

Dans quel contexte as-tu perçu cette facette de ta personnalité ? (Âge, circonstances, entourage.)

Si le contexte (autre circonstance, autre entourage) changeait radicalement, penses-tu vraiment que tu réagirais et te comporterais de la même manière ?

LE JOURNALING

14

*« Tel que je suis, je m'aime bien plus qu'hier
et bien moins que demain. »*

Authenticité · Vrai *self* · Vérité

Le *journaling* est une version contemporaine du journal intime. C'est une pratique qui consiste à écrire des bribes de ce que l'on vit, ses pensées, ses désirs, ses sentiments et ses émotions. Un rituel quotidien où l'on se retrouve face à soi-même.

Lors de ce rendez-vous d'écriture, il n'y a aucun regard extérieur. Il s'agit d'un dialogue intérieur. Inutile donc de porter des masques, de paraître ou encore de faire semblant. Sois pleinement à l'aise, tu es l'unique personne à lire tes mémoires.

La carte *Le Journaling* est une invitation à l'authenticité, à la sincérité et à la vérité. Elle t'invite à baisser ta garde et à mettre ton ego de côté.

Lorsque cette carte s'invite dans ton tirage, elle répond à une situation où tu as une difficulté à être complètement sincère ou à te montrer naturel, car il y a une chose liée à ce contexte ou une peur qui te retient de l'être.

Tu as peut-être une chose à révéler ou une vérité à exprimer, mais tu n'oses libérer ta parole. En t'interdisant d'extérioriser ce que tu ressens ou ce que tu penses, tu prends le risque de laisser tes émotions et tes sentiments prendre de plus en plus de place dans ton esprit et dans ton cœur jusqu'à ce qu'ils explosent à l'extérieur de toi comme une Cocotte-Minute sous pression.
Ils finiront par sortir sans que tu puisses en maîtriser le flux et l'énergie pour faire redescendre la pression.
Cette carte t'invite donc à les exprimer tant que tu peux encore contrôler ta manière de les libérer.

Ose dire ce que tu as sur le cœur, ose faire entendre ta vérité. Tant que cette démarche se fait dans le plus grand respect de l'autre, avec douceur et bienveillance, tu peux tout exprimer.

Il est toujours plus constructif de dire la vérité maintenant plutôt que de t'embourber dans le mensonge ou dans l'omission volontaire.
La sincérité et l'honnêteté te libéreront d'un poids tout en permettant à ton interlocuteur de faire des choix éclairés.

Si tu n'oses pas te montrer tel que tu es de peur d'être jugé, par crainte de ne pas être accepté, dis-toi que de te mettre à nu te permettra de construire des relations authentiques et véritables. Tu sauras, alors, que l'on t'aime pour qui tu es vraiment. Pas pour les apparences, pas par intérêt, pas pour le rôle que tu t'es attribué. Simplement pour toi.

N'essaie pas de prouver aux autres de quoi tu es capable ou que tu mérites d'être apprécié ou aimé pour telle ou telle raison. Sois toi, sois vrai. Peu importe ce que les autres en pensent.

Si, pour toi, ton avis est juste, ne le change pas parce qu'il ne convient pas à quelqu'un, ou parce qu'il déplaît.

Les rôles et les personnages que tu peux jouer te sont peut-être utiles aujourd'hui, néanmoins, tu t'enfermes dans des carcans qui, lorsque tu voudras t'en libérer, déstabiliseront les autres. Tu rencontreras beaucoup de difficultés à t'en détacher sans te culpabiliser et sans craindre leurs réactions.

Si tu as des difficultés à communiquer, une sincérité douce et posée permet le dialogue et les échanges vrais. Ouvre ton cœur et partage ce que tu ressens, ce que tu attends, ce que tu espères et ce que tu crains. Partage avec les autres qui tu es sans amertume et l'âme en paix. Peu importe la réponse, il est important d'insuffler du mouvement à une situation bloquée pour la transformer. N'attends pas des autres qu'ils devinent tes attentes, cesse les non-dits et exprime clairement tes souhaits.

Il est aussi possible que tu ne saches pas vraiment qui tu es au plus profond de toi. Cela est souvent le cas lorsqu'on a toujours été habitué à ne jamais écouter ses émotions, ses désirs, ses attentes et ses besoins, et ce depuis la plus jeune enfance où les premières figures d'attachement (souvent les parents), par leurs comportements à ton égard, ignoraient tes demandes d'attention et ton besoin d'être rassuré et écouté. Ou lorsqu'elles décidaient tout pour toi en ne te laissant pas la possibilité d'explorer le monde par toi-même.

MAGICK FLOW

Lors de tes premières années d'apprentissage et d'explorations de ta vie terrestre se construit ton ego. Il s'agit d'une part de toi-même qui a pour fonction de te protéger des dangers et des souffrances. Ton ego est aussi utile à la perception que tu as de toi dans ce monde puisqu'il te permet de comprendre qui tu es en tant qu'individu unique.
L'ego est indispensable à ta survie, néanmoins, il t'éloigne de ton être véritable.

Pour te protéger d'éventuelles souffrances, ton ego te compare aux autres pour juger de ta « qualité », et s'il considère qu'elle n'est pas adaptée à ton environnement, il mettra tout en œuvre pour y remédier afin de s'assurer qu'aucune souffrance puisse en résulter.
L'ego est toujours en jeu dans nos peurs et nos souffrances les plus intimes.
C'est lui qui te chuchote tous « *les trop peu* » que tu crois te caractériser : moins désirable, moins intéressant, moins compétent que d'autres. C'est aussi lui qui se cache derrière les personnalités narcissiques.

Face aux exigences et attentes de la société, de tes proches et de toi-même (qui n'a eu de cesse de te comparer à tes semblables), l'ego va simplement user de masques pour que tu te sentes intégré aux autres, pour que tu sois accepté et aimé dans le seul dessein de t'éviter des souffrances affectives et émotionnelles.

Carl Gustav Jung appelle ce masque « *Persona* », mot latin définissant le masque que portaient les acteurs de théâtre. La *Persona* est ton personnage social, celui que tu joues pour correspondre aux critères définis par la société et aux attentes de ton environnement. À force de porter ce masque social, certaines personnes se fondent en leur rôle et finissent par oublier qui elles sont réellement.

On entend couramment parler de « *faux self* », c'est-à-dire de « *faux soi* », en référence à la théorie du pédiatre et psychanalyste britannique *Donald Winnicott* sur le « *faux self* » et le « *vrai self* ».
Le « *faux self* » ayant pour fonction de cacher et de protéger le « *vrai self* », c'est-à-dire « *le vrai soi* », afin que l'individu puisse notamment s'adapter aux exigences de son environnement.

Si ces polarités et mécanismes internes existent en chacun de nous, et nous sont nécessaires, ils peuvent aussi nous éloigner de notre être véritable... jusqu'à parfois en oublier qui nous sommes réellement à force de jouer les rôles, de porter des masques et de vouloir trop se conformer aux attentes et exigences familiales et/ou sociétales.

Pour pouvoir créer la vie dont tu rêves, tu dois savoir ce que tu veux réellement. Pas ce que les autres attendent de

toi. **Seul ton « vrai toi » est en mesure de le savoir.**
Cette connaissance te permet de focaliser ton attention sur des objectifs qui te correspondent.
C'est le meilleur moyen de ne pas te tromper en faisant des choix conscients, éclairés et en harmonie avec les aspirations de ton âme. C'est ainsi que l'on incarne son « *essence* », sa véritable nature.

Pour retrouver notre identité profonde, il est souvent nécessaire de s'éloigner du regard des autres, de se déconnecter du monde extérieur et du vacarme quotidien. Se déconnecter de toutes obligations et responsabilités pendant plusieurs jours. Une retraite, dans le plus grand des silences, pour effectuer un retour à soi afin de retrouver notre part divine... et se retrouver.

LUMIÈRE / RESSOURCES

• Tu te libères d'un rôle, d'un masque qui commence à t'étouffer.

• Tu assumes qui tu es et attires à toi des personnes qui t'apprécient vraiment.

• Tu es capable de partager ta vérité et de te faire comprendre.

• Tu fais des choix éclairés en harmonie avec tes véritables aspirations.

• Tu te fies à ton intuition pour savoir ce qui te correspond le mieux.

• Tu attires à toi les personnes qui te correspondent.

OMBRE

- Tu as peur du jugement des autres s'ils devaient voir qui tu es vraiment, ce qui t'anime, ce qui te plaît, tes goûts, tes envies, tes fragilités.
- Tu as peur de montrer ta vulnérabilité par crainte des moqueries ou que l'on profite de toi.
- Tu as peur de t'abandonner dans une relation.
- Tu as peur d'être rejeté si l'on découvrait qui tu es vraiment.
- Tu n'acceptes pas certaines facettes de ta personnalité.
- Tu agis et décides en fonction du regard des autres.
- Tu attires à toi des personnes qui ne te correspondent pas.
- Tu ressens un profond sentiment de vide intérieur.

SHADOW WORK • JOURNALING

Dans cette situation, quel personnage incarnes-tu ? Pourquoi ?

Dans cette situation, quelles apparences veux-tu sauver ? Pourquoi ?

Qu'as-tu peur de dévoiler, de dire, de montrer ?

Pourquoi ?

Que ferais-tu / que choisirais-tu s'il n'y avait pas le regard et les attentes des autres ?

Que ferais-tu dans cette situation si tu ne craignais pas le regard des autres ?

Qu'as-tu toujours voulu faire sans oser te lancer par peur du jugement des autres ?

LES CRISTAUX

15

« Je connais mes besoins et mes limites, ils sont les remparts de mon royaume intérieur. »

Guérison · Limites · Besoins

Utilisés en lithothérapie et également dans la pratique magique, on attribue depuis la nuit des temps des énergies bienfaitrices aux pierres et aux cristaux pour, notamment, soigner les maux physiques et émotionnels.

Lorsque cette carte apparaît, elle t'invite à tout particulièrement prendre soin de toi.
Dans cette situation, tu dois en priorité penser à toi.

Tu dois être ta priorité même si l'extérieur ne cesse de t'influencer ou de te solliciter.

Être sa priorité signifie que tu dois connaître tes limites et tes besoins. Les respecter et les faire respecter.
Il est important que tu puisses te recentrer sur toi afin de guérir d'une fragilité énergétique, physique ou émotionnelle.

Ce temps de convalescence, cette période de repos, de réparation ou de reconstruction va te permettre de récupérer et de recentrer tes énergies sur tes priorités.

Sois attentif à ce que tes émotions et ton corps racontent. Leurs signaux sont des pistes pour différencier ce qui est bon pour toi de ce qui ne l'est pas.

Profite aussi de cette phase de régénération, pour penser aux différents changements que tu pourrais faire dans ton emploi du temps pour mieux équilibrer ta vie afin d'avoir suffisamment de temps pour t'occuper de toi.

Si une chose en toi est blessée ou agressée, tu dois pouvoir lâcher les tensions, prendre de la distance afin de prendre le temps de mettre des mots sur tes maux.

Si tu penses que tu n'as pas le temps ou que de prendre ce temps pour toi va te ralentir, en réalité, prendre soin de toi va te permettre de retrouver la dynamique que tu as perdue. De ce fait, tu gagneras beaucoup plus de temps après une phase de guérison nécessaire que de rester à stagner ou à avancer lentement parce que tu n'es plus en mesure d'avancer correctement.

Ce n'est pas de l'égoïsme que de penser à soi et à son bien-être. Pour te sentir ancré, bien dans ta tête et dans ton corps, tu dois penser à ton mieux-être.

Tu dois être ta ou ton meilleur ami : te chouchouter, te faire plaisir, te reposer, te régénérer et t'aimer. C'est en étant serein et en te sentant fort émotionnellement et psychologiquement que tu pourras entretenir des relations saines et offrir le meilleur de toi aux autres et à tes projets en cours.

Tu dois apprendre à dire non. Si tu n'as pas envie d'une chose, si tu ne te sens pas de t'engager dans une promesse, de rendre service, ou encore de faire ce que d'autres souhaiteraient, explique simplement et calmement les raisons de ton refus au lieu d'accepter à contrecœur ou de râler, de pester ou de te confondre en excuses en cherchant sans cesse à te justifier.

Tu as le droit de dire « *non* » quand ce que l'on te demande ou te propose ne correspond pas à tes valeurs, à tes envies ou que tu n'as pas le courage de faire quelque chose.

Fuis les vampires énergétiques. Ces personnes puisent perpétuellement ton énergie soit en dépendant continuellement de toi, de tes compétences, de ton savoir-faire, soit en créant en toi un état émotionnel dont elles se nourrissent. Ces personnes se servent de ton énergie pour se remplir. Et, bien souvent, elles se positionnent en victimes et cherchent à te culpabiliser si tu ne réponds pas à leurs attentes.

MAGICK FLOW

Pour que les qualités de tes relations, de ton travail, de ta vie sociale et personnelle répondent à tes aspirations, il te faut être bien dans ta tête, dans ton cœur et dans ton corps. Nous sommes tous des funambules essayant de maintenir un équilibre holistique au quotidien.

Pour exercer ta magie sur ta réalité, il te faut être en forme. Tu as besoin de toute ton énergie pour mener à bien tes projets et pour interagir positivement avec les autres.
Cet équilibre passe aussi par l'identification de tes « fuites » énergétiques.
Où mets-tu ton énergie ?
Connaître tes limites et tes besoins et savoir les respecter est essentiel pour ton bien-être. Cette connaissance et ce respect vis-à-vis de toi te permettront de comprendre ton juste rythme et d'apprendre à t'économiser pour les choses qui te sont essentielles.

Les pertes d'énergie te rendent vulnérable. En étant exténué, tu es à fleur de peau, irritable, harassé et parfois déprimé. Tu peux alors facilement mal interpréter ce qui se joue dans ta vie, la moindre information malheureuse peut déclencher des émotions difficiles, tu peux avoir envie de tout envoyer valser ou encore avoir le désir d'abandonner ce que tu entreprends. Tu peux réagir vivement à la moindre difficulté ou contrariété.
En somme, tu n'as plus assez d'énergie pour te protéger des aléas de ton quotidien et faire preuve de discernement face aux sollicitations constantes de ton environnement.

LUMIÈRE / RESSOURCES

- Tu rentres dans une période très importante pour toi, une pause, qui n'est peut-être pas volontaire, mais qui est nécessaire. Une phase de transition qui te permettra de te sentir beaucoup mieux, plus efficace, plus centré, plus aligné à tes aspirations et à l'écoute de tes besoins.
- Cette transition te permettra d'emprunter le chemin de guérison suite à une expérience qui te touche profondément.
- Tu vas pouvoir te libérer d'une souffrance émotionnelle. Accepte que ce processus puisse demander du temps. Sois patient, bienveillant et aimant envers toi-même.
- Une période de libération où tu fais le deuil d'une histoire, d'un projet ou d'une déception.

OMBRE

- Les demandes et exigences des autres t'épuisent.
- Tu te sens vidé, submergé et tu ne trouves plus le temps de t'occuper de tes priorités.
- Tu es dépassé par tout ce que tu dois faire, tu ne parviens plus à t'organiser.
- Tu es à fleur de peau, tu te sens irritable ou facilement au bord des larmes.
- Tu rentres en conflit avec ton entourage pour des futilités.
- Tu te sens sous tension, tu peux facilement te mettre en colère.
- Tu ne parviens plus à te concentrer sur la réalisation de tes aspirations.

• Tu te culpabilises quand tu refuses de répondre aux exigences des autres.

• Tu as peur de ne plus être apprécié et aimé si tu ne réponds pas aux demandes faites par ton entourage.

• Tu peux devenir agressif quand tu pressens que l'on va te solliciter.

• Au moindre défi à relever – ou obstacle – tu as envie de tout envoyer valser et de baisser les bras.

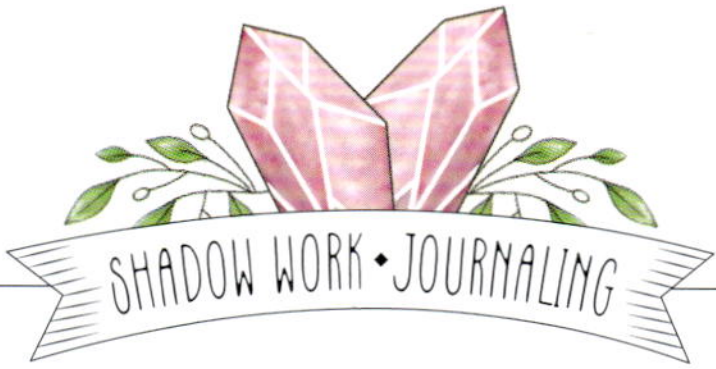

Connais-tu tes limites ?

Sais-tu dire non ? Si ce n'est pas le cas, pourquoi n'y parviens-tu pas ?

Parviens-tu à trouver du temps pour toi ?

Quelles sont les sollicitations extérieures pour lesquelles tu as des difficultés à dire non ?

Que se passerait-il, selon toi, si tu refusais ou ne répondais pas immédiatement à ces sollicitations ?

Mettre des mots sur ses maux :

Que ressens-tu ? Pourquoi ressens-tu cette émotion ?

Quelle histoire se cache derrière cette raison et cette émotion ? (Te renvoie-t-elle à quelque chose que tu as déjà vécu ?)

« Je nourris mon âme et mon esprit d'inspirations positives. »

Nourriture · Influences · Inspiration

La *Kitchen Witch* est l'art d'utiliser l'énergie des aliments pour créer de la magie. Cette pratique te permet de conscientiser ce que tu laisses entrer et vivre en toi pour qu'il y ait une résonance concrète dans ta réalité.

Il arrive que l'on se sente mal sans vraiment savoir pourquoi. Tout comme il est aussi probable que tes émotions jouent au yo-yo sans vraiment en comprendre les raisons.

Si cette carte apparaît pour toi, c'est pour que tu prennes conscience des énergies que tu sers en repas à ton âme. Il n'y a pas que les gens qui peuvent être toxiques, il y a aussi ce que l'on s'inflige et qui, pourtant, nous « empoisonne ».

On ne cesse de se nourrir de ce que l'on voit, de ce que l'on regarde, de ce qu'on lit et de ce que l'on entend. Tes sens et ton esprit sont en permanence sollicités, aussi, prendre soin de soi implique également d'être attentif à ce que tu laisses entrer en toi.

Tes lectures, ce que tu regardes à la télévision, sur le Net ou les réseaux sociaux, la musique que tu écoutes et ce que les autres disent de toi ou de tes projets nourrissent ton être, aussi, cette carte t'invite à choisir avec soin ce que tu veux te servir tout au long de la journée.

Les informations et les opinions avec lesquelles tu es en contact vibrent chacune d'une énergie bien particulière. Il y a des énergies basses et lourdes qui sont nocives et pernicieuses, et il y a les énergies hautes et légères qui font valser ton cœur et chanter ton esprit. Les unes comme les autres vont influencer ton état d'être général, aussi il est important de savoir ce que tu veux ingérer et laisser vivre en toi.

Les informations négatives ou anxiogènes sont, quant à elles, susceptibles de te perturber et de s'immiscer dans le travail que tu mets en place pour améliorer ta vie en influant sur ton état d'esprit. Elles ont un impact néfaste sur ton humeur et ta santé émotionnelle.

Sois attentif à toutes ces suggestions intellectuelles et émotionnelles qui plantent insidieusement des petites graines sombres dans ton esprit.
Elles étendent leurs racines jusque dans ton cœur, te rendant maussade, révolté, mal à l'aise ou morose. Pour les plus sensibles aux sollicitations sensorielles, ce mal-être peut durer plusieurs jours. Et quand tu es régulièrement exposé à ce type d'informations, elles finissent par influencer négativement ton système de croyances. Tu te mets alors à juger le monde et les autres en faisant des généralités. La haine, la colère et l'aigreur commencent alors à atteindre ton âme, et ton niveau énergétique chute drastiquement.

MAGICK FLOW

Ne sous-estime pas l'influence des informations sensorielles à laquelle tu t'exposes quotidiennement, surtout si tu es hypersensible. Elles te conditionnent doucement – mais sûrement – à ressentir et à penser les énergies qu'elles incarnent.
Aussi, ne laisse pas les informations extérieures perturber négativement ton état d'être.

Conditionne-toi à ressentir ce que tu veux attirer à toi avec des livres, de la musique, des séries, des films, des personnes et des activités inspirantes.
Prends conscience des éléments extérieurs qui seraient considérés comme de la malbouffe pour ton âme afin de rééquilibrer tes énergies et ton monde émotionnel avant de continuer.

Fais en sorte que tes nourritures spirituelles, intellectuelles et émotionnelles subliment ton inspiration et ton potentiel au lieu de te tirer vers le bas.

Choisis des plats et des ingrédients qui résonnent avec ce que tu souhaites vivre. Si tu veux l'amour, alors nourris-toi d'amour. Écoute des musiques empreintes de cette énergie, visionne des films ou des séries qui t'emplissent de ce sentiment, consulte des livres sur le sujet. Utilise toutes les nourritures spirituelles et émotionnelles qui te permettent de maintenir ton énergie à une fréquence vibratoire similaire à ce que tu veux ressentir dans ta vie.
Si tu veux réussir ton projet personnel, alors nourris-toi de victoires et de tout ce qui pourrait positivement t'inspirer pour mener à bien ton projet.

Comporte-toi avec toi comme le feraient ta mère ou ta grand-mère préparant avec dévouement et bienveillance le plat qu'elles voudraient t'offrir en repas. Nourris ton corps, ton esprit, ton âme d'énergies bienfaitrices.

Choisis en conscience tes lectures, les séries et les films que tu visionnes, la musique que tu écoutes et les avis et opinions pour lesquels tu donnes du crédit.

Dès que tu sens ton état émotionnel s'affaiblir, romps le lien avec ces énergies extérieures pour t'en protéger.

Choisis des lectures, des séries, des films et des musiques qui savent mettre ton cœur en joie, qui t'ouvrent à la créativité en t'inspirant, qui améliorent tes compétences, ou encore qui parviennent à exacerber en toi ce que tu veux voir se manifester dans ta réalité. Entoure-toi de personnes inspirantes et optimistes !

LUMIÈRE / RESSOURCES

- Tu entres dans une période où tu te sens inspiré vertueusement par les autres et ton environnement.
- Tu es d'humeur joyeuse, emplie d'énergie, curieux de tout ce qui pourrait égayer ta journée.
- Tu te tournes intuitivement vers les bonnes personnes et les activités qui te mettent du baume au cœur.
- Tu te sens envahi par une énergie positive en phase avec ce que tu as envie de vivre.
- Ton chakra coronal s'équilibre, tu ressens profondément ce *Grand Tout*, dont tu incarnes une partie, te soutenir et te guider.
- Tu te sens guidé et inspiré par ce que tu entends, écoutes et regardes.
- Tu as des idées créatives constructives qui vont dans le sens de tes désirs.
- Tu trouves des solutions.

OMBRE

- Tu te sens de plus en plus triste, révolté, en colère contre le monde dans lequel tu vis.
- Tu fais des généralités négatives et tu critiques péjorativement des personnes et des sujets spécifiques.
- Tu alimentes une certaine aigreur vis-à-vis de la vie.

- Tu juges beaucoup les autres et toi-même.
- Ta motivation chute, tu doutes du bien-fondé de tes projets et de tes envies.
- Tu peux tout remettre en question, t'interroger sur la légitimité de ce que tu entreprends.
- Tu es déçu par les autres et par toi-même.
- Tu te sens vidé de ton énergie.
- Si tu es hypersensible, tu es stressé par ton environnement et par les sollicitations constantes venant de l'extérieur.
- Tu ne te sens pas en sécurité, tu peux avoir peur de l'extérieur et des autres.

SHADOW WORK • JOURNALING

Identifie les énergies extérieures néfastes :

Quel événement, quelle phrase, quelle ambiance a modifié ton humeur ?

Quelle phrase négative entends-tu régulièrement ?

Quel avis, quelle opinion te convainc d'un éventuel échec ou te décourage à réaliser ce qui est cher à ton cœur ?

Quelle situation, quelle personne épuise ton énergie vitale ?

As-tu besoin continuellement de l'extérieur pour savoir ce qui est bon pour toi ?

Aller en quête de l'ombre :

Pendant 7 jours, note sur un carnet ton rythme de vie et chacune de tes activités du lever au coucher : ce que tu as écouté, lu, regardé, fait, avec qui tu as discuté, etc. À côté de chacune de ces activités et interactions, note ton état émotionnel.

Cet exercice te permettra d'identifier les activités qui perturbent ton état d'être.

L'AUTEL

17

« Si je ne sais pas, mon âme sait. »

Spiritualité · Retour à soi · Divin

L'autel est un espace (une table, un bout d'étagère, le haut d'une commode, dans la nature sur une pierre ou un rocher, sur l'herbe, sur une branche d'arbre) dédié à notre spiritualité. De préférence loin du regard des autres et séparé des activités de la vie courante. On y dépose des offrandes aux divinités, des objets, des livres, des statues, des images symbolisant nos croyances et représentatifs de notre pratique spirituelle. On s'y recueille et l'on y pratique les rituels, la magie et la sorcellerie.

Cet espace dédié est le lieu de notre connexion au divin, à l'*Univers*, à ce *Grand Tout*, selon nos croyances spirituelles ou religieuses.

Bien sûr, il est tout à fait possible de se connecter à ces hautes énergies, à soi-même et à sa spiritualité sans un autel.

Néanmoins, le fait d'aménager un espace dédié permet de sacraliser ce moment que l'on s'accorde. Naturellement, notre cerveau sait que lorsque nous entrons dans cet espace, nous avons rendez-vous avec le divin. C'est une pause pour soi en s'extrayant de nos occupations et contingences quotidiennes, on s'extrait également de notre monde matériel pour laisser plus de place à notre dimension divine.

Avec notre rythme de vie effréné et hyperconnecté, nous ne cessons d'être artificiellement connectés au monde extérieur et passons le plus clair de notre temps à répondre à des préoccupations matérielles. C'est bien normal, nous sommes sur la planète Terre, nous devons respecter, un minimum, les règles du jeu du lieu de notre incarnation. Entre la famille, les amis, le travail, les réseaux sociaux, les factures à régler, et le jeu des apparences, nous trouvons peu de temps et d'espace pour retrouver notre partie divine et magique.

Tu te sens peut-être un peu perdu, noyé par tout ce que tu dois régler dans ta vie actuellement ou tu n'arrives peut-être plus à te reconnaître dans tes choix passés, dans ton travail ou tes relations. Tu as peut-être une décision importante à prendre, sans y parvenir, car tu ne sais pas ce que tu veux. Tu as peut-être l'impression que tes guides se sont absentés et que tes anges gardiens se sont fait la malle. Si tu n'arrives

plus à entendre ta guidance intérieure...
Il est temps de faire une pause, de débrancher la box, d'éteindre la télévision et le mobile et de te mettre au vert pendant quelques jours. Tu as besoin de silence : le silence en toi et autour de toi. Tu as besoin de te reconnecter à ton âme, car si ta tête ne sait pas, elle, elle connaît le chemin.
Recentre-toi sur ton essentiel.

Cette carte peut également apparaître quand il y a un déséquilibre entre ta vie spirituelle et ta vie matérielle. N'oublie pas que tu dois aussi répondre à tes besoins fondamentaux d'être incarné, et donc savoir garder les pieds sur terre et prendre soin de toi.
Si tu n'arrives pas à te concentrer, à être efficace lors de la réalisation de tâches journalières, si, par exemple, tu oublies tes rendez-vous ou de régler tes factures, c'est peut-être le signe que tu commences à manquer d'ancrage.

Si cette carte apparaît dans ton tirage, c'est pour t'inviter à te reconnecter à ton être véritable, ta partie divine : ton âme.

MAGICK FLOW

Le conditionnement, l'ego, nos croyances, la persona, nous conditionnent à réagir d'une certaine manière, à choisir tel travail, à vivre des relations sur la base de structures conditionnées et parfois erronées.

Savoir ce qui est bon pour soi, c'est se donner la possibilité d'aligner ses choix aux aspirations de son âme, sa partie divine.

En te connectant au divin, tu te connectes à ta partie divine : ton âme.
L'âme est la partie la plus intime et la plus pure de ton être. Laisser s'exprimer son âme, c'est s'assurer d'avancer sereinement sur son chemin de vie en trouvant du sens à sa vie, en ressentant ce qui est bon pour soi, en se sentant en harmonie avec ses choix et en étant à l'écoute de sa guidance intérieure.

Se connecter à son âme, c'est se connecter au divin, à ce *Grand Tout...*
Ne dit-on pas que nous sommes des fragments du divin, ou encore des « poussières d'étoiles » ?
Être relié à sa partie divine, c'est ressentir ce qui est bon pour soi, comprendre notre mission de vie et avancer en toute confiance sur ce chemin.
Nous incarnons un fragment de ce *Grand Tout*, cela signifie que nous portons en nous toutes ses connaissances.

LUMIÈRE / RESSOURCES

• Même si tu n'expliques pas, tu te sens relié à ce *Grand Tout*, à l'*Univers*, au divin.

• Tu ressens et reconnais ta partie divine.

• Tu avances avec confiance sur ton chemin, soutenu par les mondes invisibles et tes guides.

• Tu comprends les profondes aspirations de ton âme.

• Tu as foi en la vie, tu te sens en sécurité malgré les obstacles que tu peux rencontrer.

• Quoi qu'il arrive, tu sais que tu n'es pas seul.

• Tu te sens en sécurité et avances avec confiance.

• Tu suis ta propre guidance sans te laisser influencer par les opinions des autres.

OMBRE

• Tu es déconnecté de ta spiritualité et de ton moi profond.

• Les contingences matérielles prennent trop de place dans ton quotidien, tu n'arrives pas à te retrouver.

• Les exigences, les responsabilités et les interactions de la sphère sociale, familiale et professionnelle t'empêchent de savoir ce que tu veux vraiment pour toi.

• Tu te sens déconnecté du monde invisible.

• Tu ne parviens plus à te relier à tes guides ou à ta guidance intérieure.

• Tu te sens seul face à l'adversité.

• Tu as la sensation de ne pas faire les bons choix.

SHADOW WORK • JOURNALING

Quelle place a la spiritualité dans ton quotidien ? À ton avis, est-ce trop ou trop peu ?

Où te sens-tu vraiment à ta place ?

Où ne te sens-tu pas à ta place ?

Quelle amélioration pourrais-tu mettre en place pour te sentir à ta place ? Est-ce réalisable facilement ?

Parviens-tu à trouver du sens à ce que tu vis actuellement ?

Si tu y réfléchis, quel sens pourrais-tu trouver à ces événements ou à cette situation ? (Note tes premières idées, elles portent souvent des vérités.)

LES ASTRES

18

« Ce qui était hier présageait aujourd'hui, et ce qui est aujourd'hui présage déjà demain. »

Anticipation · Signes · Présage

De tout temps, les objets célestes ont fasciné les hommes. L'astrologie se consacre à leur étude pour décrire la personnalité de chaque individu, leur compatibilité et leur devenir à partir du positionnement et des affinités des astres dans leur thème de naissance ou pour une période définie.

À partir d'un ensemble d'informations, l'étude des astres permet notamment de prédire l'avenir.

Lorsque cette carte apparaît, elle vient te parler des rapports de causalité entre des événements et des signes annonciateurs passés et ce que tu vis aujourd'hui. Elle t'indique que l'expérience que tu vis actuellement était prévisible puisqu'elle trouve ses origines, ou émergeait déjà, dans une expérience passée.

Parfois, les signes avant-coureurs sont très subtils et il faut être extrêmement attentif pour remarquer ces guidances annonciatrices d'un événement à venir.
D'autres fois, ces signes sont si évidents et limpides qu'il est difficile de passer à côté. Par ailleurs, c'est souvent l'entourage proche qui les met en lumière.
Néanmoins, nous ne sommes pas toujours disposés ni à les comprendre ni à les voir. C'est tout à fait compréhensible et humain... surtout quand il s'agit de nos histoires de cœur.

Lors d'une rencontre, ne t'es-tu jamais senti mal à l'aise face à une personne dès le début de cette relation ? N'as-tu pas constaté que ces comportements ne correspondaient pas à ce qu'elle prétendait être ou ce qu'elle disait ressentir pour toi ? Tu as néanmoins probablement préféré fermer les yeux sur tous ces points afin de laisser la chance à cette histoire ou à cette personne.
N'as-tu jamais ressenti que quelque chose ne fonctionnait pas dans un projet ? Tu as peut-être même identifié les failles qui pourraient le fragiliser. Néanmoins, tu as peut-être décidé de les ignorer.

Ces signes peuvent également être très positifs. En règle

générale, ceux-là, nous les reconnaissons facilement sans nullement les remettre en question.

Avec cette carte, il est probable qu'au fond de toi, tu savais déjà que tu en serais là aujourd'hui.
Si tout va bien pour toi, alors continue à être à l'écoute des subtiles énergies pour t'aider à anticiper demain.
Si ce n'est pas le cas, ne t'en veux surtout pas. Tu as juste besoin de comprendre pourquoi tu as fait fi de tous ces signes. Ces raisons te permettront de mieux comprendre ton mode de fonctionnement afin d'être plus prudent la prochaine fois.

Cette carte t'invite à être tout yeux tout oreilles aux petits et grands signes venant t'alerter sur quelques points que tu trouves étonnants, bizarres ou qui ne te correspondent vraiment pas. Ils sont des présages de ce que sera demain.

Bien évidemment, si ce que tu ressens et constate ne te convient pas, si ces signes te mettent en souffrance ou mal à l'aise, tu peux quand même choisir de vivre cette expérience. Néanmoins, n'oublie pas de te garder une porte de sortie et des garde-fous avant de t'y engager corps et âme. N'oublie pas que ta priorité devrait toujours être ton bien-être et ta paix intérieure.

MAGICK FLOW

Il y a des signes annonciateurs de ce qui est en train de se matérialiser dans ta réalité. Les énergies sont d'abord très subtiles et légères, puis se densifient de plus en plus avant de s'incarner. Durant cette transition, tu peux déceler certaines d'entre elles, même lorsqu'elles sont encore discrètes. Ta sensibilité et ton intuition sont en mesure de les reconnaître afin que tu puisses décider et agir en conséquence pour t'en protéger par ton attitude et tes décisions.

Identifier ces énergies subtiles te permettra de percevoir ce qui a été, de comprendre ce qui est et d'anticiper ce qui sera. Ne l'oublie pas.

LUMIÈRE / RESSOURCES

- Tu sais où tu t'engages.
- Tu te préserves des relations compliquées ou toxiques.
- Tu anticipes activement les événements.
- Tu prends des décisions éclairées.

OMBRE

- Tu vis des relations compliquées.
- Tu peux être une « proie » facile.
- Tu manques de vigilance.
- Tu manques de recul et d'objectivité.
- Tu t'enlises dans des relations qui t'apportent plus de mal-être que de bien-être.
- Tu ne parviens pas à couper le lien avec une personne toxique.
- Tu ne parviens pas à obtenir le résultat souhaité dans tes projets.

SHADOW WORK • JOURNALING

Écoutes-tu ta petite voix intérieure ?

Te dis-tu souvent : « j'aurais dû m'écouter ! » ?

Quand tu pressens qu'une personne ne t'apportera rien de bon, même si tu as envie de cette relation, y vas-tu quand même ? Si oui, pourquoi ?

Quelle(s) peur(s) te pousse(nt) à quand même la fréquenter ? Quels besoins te poussent vers cette voie ?

LES ORACLES

19

« J'ai le pouvoir de créer
et de changer ma vie. »

Pouvoir · Libre arbitre · Manifester

Les oracles sont des messages interprétés à partir d'objets ou d'événements. Ces objets et ces événements sont également appelés « *oracles* ». Les oracles peuvent être des cartes, des runes, des bouts de bois, une boule de cristal, le marc de café, le vol des oiseaux, etc. Tout ce qui peut être le support à des messages divinatoires, qu'ils aient pour buts d'éclairer notre avenir, de nous guider, de nous conseiller ou encore de nous révéler à nous-mêmes.

Depuis la nuit des temps, les peuples et les humains ont besoin de se sentir guidés et accompagnés par leurs dieux et les cieux pour connaître leur sort, afin d'être en capacité d'anticiper les événements.

Face aux messages des oracles, il arrive encore parfois que l'on puisse se sentir impuissant au regard des événements prédits lorsque ce qu'ils annoncent ne va pas dans la direction espérée.
De la même manière, on peut facilement ne plus s'investir dans la quête de ce que l'on désire dès lors que les oracles nous promettent d'obtenir de ce que l'on convoite.
Il y a toujours un risque à savoir.

Néanmoins, pourquoi connaître ce que demain a prévu pour toi, si ce n'est pour pouvoir y remédier ou continuer à s'y investir pour s'assurer que demain sera bel et bien joyeux ?

Tu as peut-être l'impression, ou même la conviction, que les dés sont jetés. Te sentant impuissant face aux événements.
Peut-être qu'au contraire, tu es persuadé que tu t'es suffisamment investi pour mériter d'obtenir ce que tu désires.
Mais la vie n'est pas toujours aussi simple.

Si tu te sens impuissant face à ce que tu vis, cette carte t'invite à reprendre le flambeau de ton pouvoir ! Tu n'es pas sans ressource, et parfois il ne faut pas grand-chose pour changer le sens du vent.
Même si ce que tu vis est difficile, essaie de ne plus te sentir victime des événements.

C'est aussi en acceptant ta part de responsabilité que tu pourras trouver des solutions et des ressources pour inverser le cours de ton histoire.

Quand cette carte s'invite dans ton tirage, elle vient te rappeler que tu es toujours en possession de ton pouvoir créateur et te confirme que, OUI, tu peux changer le cours de ton histoire.

Si tu penses t'être assez investi et préfères passer à autre chose, car tu es déçu du résultat, cette carte t'invite à ne pas baisser les bras, car comme le dit si bien *Paulo Coelho* : « *C'est souvent la dernière clé qui ouvre la porte.* » Encore un peu d'efforts !

MAGICK FLOW

Tu ne perds jamais ton pouvoir créateur. Face aux circonstances, tu peux te laisser submerger par ce que tu ressens, te laisser emporter par le courant des événements et oublier que tu as toujours le POUVOIR de créer la suite de ton histoire.

Ou alors,
Tu PEUX accepter qu'aujourd'hui, il en soit ainsi. Accepter les événements tels qu'ils sont.
Tu PEUX accepter que certaines choses ne puissent pas être changées afin de te concentrer sur ce qui peut l'être.
Tu PEUX regarder les circonstances sous un angle neuf pour y trouver de jeunes solutions.
Tu PEUX te donner la possibilité de mettre en œuvre ces jeunes solutions.

Rien n'est immuable, tout est en continuelle évolution. Sois acteur de cette évolution pour qu'elle puisse te satisfaire, au lieu de te contrarier.

LUMIÈRE / RESSOURCES

• Tu prends conscience de ta part de responsabilité dans ce que tu vis, ce qui te permet d'entrevoir des solutions.

• Tu reprends en main le cours de ta vie.

• Tu as de nouvelles motivations, une nouvelle combativité s'installe en toi.

• Tu te donnes les moyens de réaliser tes projets.

• Tu te surprends à avoir des ressources intérieures que tu ignorais.

• Ton feu intérieur se ravive et prend de l'ampleur.

• Tu es optimiste.

OMBRE

• Tu as la sensation de subir ta vie, les événements, une situation.

• Tu te sens impuissant et perdu.

• Tu es pessimiste et fataliste.

• Tu ne trouves pas de solution pour sortir d'une situation difficile.

• Tu baisses les bras, tu n'as ni le courage ni la force de vivre cette expérience.

• Tu attends des autres qu'ils fassent la démarche d'arranger les choses.

- Tu es déçu de ne pas obtenir ce que tu penses mériter.
- Tu ne fais plus d'effort pour atteindre ton objectif ou pour améliorer ta situation.
- Tu es passif en attendant la suite des événements (qui, selon toi, sera catastrophique).
- La communication est bloquée.

SHADOW WORK • JOURNALING

Penses-tu avoir du contrôle sur la situation ? Penses-tu pouvoir changer les choses ?

Penses-tu pouvoir changer ce que tu vis ? Penses-tu pouvoir faire quelque chose pour que les circonstances évoluent dans le sens souhaité ?

As-tu la sensation de subir ta vie ou les événements ?

Pourquoi serais-tu démuni face aux circonstances ?

Que pourrais-tu faire pour changer une situation qui ne te convient pas ?

LA ROUE DE L'ANNÉE

20

« Je laisse à la vie le temps de me préparer de belles surprises. »

Cycles · Rythme · Timing parfait

La roue de l'année représente les célébrations païennes honorant les cycles des saisons durant une année. Ces célébrations honorent le cycle de la vie et de la mort de la nature. De la saison froide à la saison chaude, de la saison sombre à la saison claire, chacune de ses étapes est indispensable à la terre pour que la vie puisse se perpétuer d'une année à l'autre.

Les cycles de la vie nous enseignent le juste rythme en toute chose.

Quand cette carte apparaît en réponse à ton questionnement, elle t'invite à ralentir, car tu veux aller trop vite. Ne te précipite pas par un zèle d'enthousiasme ou par peur de perdre quelque chose.

Bien souvent, le bon moment est celui que l'on choisit, et c'est une très bonne approche de le décider par soi-même malgré toutes les contingences matérielles et les blocages personnels.

Toutefois, il arrive aussi que l'on veuille aller trop vite et brûler des étapes importantes par impatience, par peur de manquer de quelque chose, ou encore, de peur de perdre quelque chose.

Si ce que tu attends dans ta vie t'est destiné, alors la vie te l'offrira au juste moment.

Si tu t'es beaucoup investi dans un projet ou une relation, ce que tu espères pour toi arrivera au juste moment afin que cette expérience puisse être reçue dans les meilleures conditions possibles.

Essayer de contrôler et de précipiter les événements ne te garantit en rien que tu recevras ce que tu espères.
En agissant avec impatience et avec précipitation, tu peux également perturber le rythme d'une autre personne qui a besoin de plus de temps que toi pour mûrir sa réflexion et comprendre ce qu'elle désire vraiment. Respecte son rythme, car elle en a besoin pour se comprendre elle-même ou pour s'organiser.

Et puis la vie a aussi son propre timing, elle a besoin de s'organiser pour que toutes les énergies et les circonstances puissent s'aligner afin que naisse concrètement ce que tu attends.

Cette carte apparaît aussi lorsque tu ne respectes pas ton propre rythme. Soit tu vas trop vite, soit tu es trop lent. Tu dois respecter ta cadence personnelle. Écoute ce que te raconte ton corps. Respecte ton rythme et tes cycles personnels.

MAGICK FLOW

Il y a un rythme divin pour toute chose. Quelle que soit ta situation, de la torpeur d'un champ de bataille à la légèreté d'un champ d'été, la vie dans sa folle générosité, sait souffler un vent de clémence sur les cœurs blessés.
La vie ne nous fait pas offense, elle n'a de cesse de nous honorer. Elle se démène, elle s'organise pour que la grâce puisse toujours nous effleurer.
La vie sait très bien ce qu'elle fait, avec confiance, laisse-lui simplement le temps d'exprimer pleinement sa magie... pour encore mieux t'émerveiller. Patience.

LUMIÈRE / RESSOURCES

- Le timing est parfait. Les démarches semblent facilitées.
- La rencontre arrive au parfait moment.
- Les événements se déroulent dans une grande fluidité.

OMBRE

- Tu vas à l'encontre d'un rythme et d'une organisation divins.
- Tu contraries le déroulement d'une expérience par impatience.
- Tu compliques une situation à vouloir précipiter les choses.
- Tu manques un rendez-vous important par impatience.
- Tu imposes des ultimatums au mauvais moment ou inappropriés.
- Tu vas trop vite ou trop lentement.
- Tu ressens des résistances et des blocages.

SHADOW WORK • JOURNALING

Pourquoi veux-tu aller trop vite ?

As-tu l'impression de contrôler un événement à venir ?

As-tu peur de passer à côté d'une opportunité ?

Es-tu impatient de récolter les fruits de tes efforts ?

Que pourrais-tu faire en attendant ?

*« Je peux incarner tout ce que
j'ai envie d'être. »*

Métamorphose · Incarner · Se révéler

Pour les hindouistes, les avatars sont des incarnations terrestres des dieux. Le mot avatar – du sanskrit « *avatãra* » – peut être traduit par « *incarnation divine* ». La divinité ayant le plus d'avatars est le dieu *Vishnou* représenté avec la peau bleue et quatre bras.

Le mot avatar est également utilisé pour nommer les différentes formes qu'une personne peut prendre afin de la représenter.

Lorsque cette carte apparaît, elle t'indique que tu as le potentiel pour exaucer ton souhait. Et pour y parvenir, elle t'invite à la métamorphose !

En acceptant d'incarner les qualités que tu penses ne pas posséder, tu vas te découvrir des ressources intérieures inexplorées et des talents cachés.
Cette métamorphose volontaire va aussi te permettre de comprendre réellement l'illusion de la personnalité tout en déclenchant un profond changement positif en toi.
Tu comprendras que tu n'es pas limité et que tu es tout à fait capable de matérialiser la vie que tu souhaites pour toi.
Tu vas également comprendre que tu es multifacette et qu'il ne te manque rien.

Quand *Avatar Magick* apparaît dans ton tirage, elle t'invite à réagir et à te comporter d'une manière inédite pour toi.
Surprends-toi (et surprends les autres par la même occasion) à faire, dire, exprimer et réagir différemment de ce que l'on a l'habitude d'observer chez toi.

Il ne s'agit pas de faire ou de dire n'importe quoi, ou encore de mettre de l'huile sur le feu ou des créer des conflits si l'ambiance est déjà houleuse. Il s'agit simplement de te demander comment tu aimerais réagir face à ces circonstances, sans avoir osé le faire jusqu'à présent.

Une fois que tu as défini ce que tu aimerais incarner tout en respectant ton authenticité, prépare-toi à laisser vivre cet avatar, cette facette de toi que tu bâillonnes habituellement.

Comment ? En te mettant devant ton miroir et en t'exerçant. Cet exercice te permettra de trouver le juste ton, les expressions faciales et la gestuelle qui te sembleront naturels. Tu peux aussi faire une liste ou une description de cet avatar dans ton journal, cela te permettra d'être plus précis sur les caractéristiques qui le définissent.

Continue à découvrir d'autres facettes de ta personnalité et à les utiliser sur ton chemin.
Tu es capable d'incarner qui tu as envie d'être.
Laisser s'exprimer ses propres avatars peut aussi être un jeu très bénéfique, alors n'hésite pas à t'amuser.

MAGICK FLOW

Avatar Magick est le nom que j'ai donné à une pratique magique que j'utilise depuis mes plus jeunes années. Cette pratique consiste à incarner dès à présent ce que l'on voudrait être en valorisant des facettes de sa personnalité que nous avons l'habitude d'étouffer.

Cette pratique se différencie de la *Glamour Magick* (ou *Fascination*), qui s'intéresse principalement au charisme, à la séduction et à l'attraction, par son objectif et ses méthodes. L'*Avatar Magick* part du principe que chaque être incarne de nombreuses facettes du divin, et qu'il est tout à fait possible d'accéder au panel de ses facettes pour incarner des qualités dont nous pensons manquer dans le but d'atteindre un objectif en attirant vers soi l'énergie incarnée.
Tu peux t'aider par des accessoires, des vêtements et d'autres outils et artifices pour réussir pleinement à incarner les qualités dont tu penses manquer.

LUMIÈRE / RESSOURCES

- Tu attires à toi l'énergie de ce que tu incarnes.
- Tu amplifies les caractéristiques de ta personnalité qui te sont utiles.
- Tu réveilles des talents insoupçonnés.
- Transformation intérieure positive.
- Tu te découvres des ressources intérieures.

OMBRE

Il n'y a pas d'Ombre.

SHADOW WORK • JOURNALING

Quelle qualité, quel tempérament aimerais-tu incarner ? Pourquoi ?

Comment le fait d'incarner ce tempérament ou ces traits de personnalité serait susceptible de t'aider ?

Comment te représentes-tu une personne ayant ces caractéristiques ? (Tempérament, attitude, apparence)

Quels vêtements et accessoires pourrais-tu utiliser pour t'aider à incarner ces traits de personnalité ?

LES CARTES DES SABBATS

LES POUVOIRS

Le 31 octobre

Datation : *fin octobre et novembre*

Saison : *automne*

SAISON SOMBRE — NUIT ↑ — JOUR ↓

Le pouvoir du subtil · Ancêtres · Secrets

Le 31 octobre, nous célébrons Samhain, aussi appelée « *le Nouvel An des sorcières* » et « *le Nouvel An celtique* ». Samhain annonce le passage de la saison claire à la saison sombre et de la saison chaude à la saison froide. Il s'agit d'un temps hors du temps, d'une transition d'un état à l'autre, où le voile entre les mondes s'affine. Les peuples de l'Autre Monde peuvent alors s'inviter chez les humains, et les humains peuvent également aller à leur rencontre.

Lors de Samhain, on célèbre nos disparus, nos ancêtres et l'on prend conscience des mystères du cycle de la vie et de la mort.

Samhain est une invitation à la connexion et aux dialogues avec les esprits des mondes invisibles. Une période propice à la communication avec nos chers disparus. Avec les températures extérieures qui diminuent, nous passons plus de temps dans nos chaumières auprès des nôtres, de ce fait, *Samhain* est idéal pour se rapprocher de notre famille et se reconnecter à nos racines.

Tu pourrais t'intéresser à la généalogie de ta famille, ou encore entreprendre les démarches nécessaires pour savoir quelles sont tes origines.

Cette carte te murmure que la période est propice aux discussions familiales pour en apprendre plus sur les histoires et les secrets de famille. Cette démarche pourrait te permettre de mieux comprendre tes aînés et ton propre fonctionnement.

En effet, tes ancêtres t'ont légué des ressources, de qualités et de forces, et également des traumatismes et des blessures qui se sont inscrits dans ton ADN.
Lever le voile sur ces non-dits et sur ces non-racontés te permettrait à la fois d'être plus indulgent à l'égard de ta

famille et plus conscient de tes propres failles.
Dans le cadre de cette démarche, n'hésite pas à solliciter le soutien de tes ancêtres disparus afin qu'ils facilitent les dialogues et les échanges et t'aident à faire la lumière sur ce que tu ne comprends pas.

Tu peux, par exemple, écrire une lettre à l'un de tes ancêtres que tu garderas près de toi (par exemple dans le tiroir de ta table de chevet, sous ton oreiller, sous ton matelas ou dans ton sac à main) afin de la serrer contre ton cœur lorsque tu voudras entrer en contact avec lui.
Tes ancêtres, au-delà du monde des vivants, peuvent t'accompagner et te révéler certaines clés de ta propre histoire. Aussi, tu peux également demander à l'un de tes parents disparus de t'accompagner et de te guider lorsque tu te sens perdu. Tes proches veillent sur toi, aussi n'hésite pas à leur faire ta demande, à partager avec eux ce que tu vis et tes interrogations. Ils t'éclaireront à leur manière.

SHADOW WORK • JOURNALING

Quelle(s) histoire(s) se répète(nt) souvent, peut-être de génération en génération, dans ta famille ?

Quelles valeurs ou croyances « négatives » et « positives » t'ont transmises tes parents ou tes figures d'attachement ?

Quelles croyances (ou affirmations) sur le sexe opposé, sur l'amour, sur toi ou sur le monde viennent de ta famille ? (Ce sont souvent des affirmations que tu as régulièrement entendues durant ton enfance.)

Aujourd'hui, qu'en penses-tu ?

Quelle histoire familiale pressens-tu ? Tu as peut-être ressenti qu'une expérience particulière avait marqué ta famille, si c'est le cas, suis ton intuition pour la découvrir.

YULE

23

Entre le 19 et le 23 décembre

Datation : *décembre et janvier*

Solstice d'hiver · **Saison** : *hiver*

SAISON SOMBRE · LA NUIT LA ⊕ LONGUE · LE JOUR LE ⊕ COURT

Le pouvoir du retour à soi · Repos · Essentiel

Entre le 19 et le 23 décembre, selon les années, nous célébrons Yule, le solstice d'hiver. À Yule, la nuit est la plus longue et le jour est le plus court. Nous sommes au cœur de la saison sombre. La nature semble au repos et toute forme de vie semble s'être interrompue. En réalité, dans les profondeurs de la terre, la vie se régénère et est, silencieusement, en gestation. C'est un temps de ralentissement, de retour à soi et d'intériorité avant de renaître lorsque la lumière fera prochainement son retour. À partir de Yule, les journées s'allongent et les nuits deviennent plus courtes afin de nous rappeler qu'au cœur de l'obscurité la lumière reprend toujours ses droits discrètement, mais sûrement.

L'hiver est propice à l'intériorité. Tout comme nous passons le plus clair de notre temps en intérieur pour nous abriter du froid, cette saison nous révèle le pouvoir de l'intériorité et du repos.

Cette carte t'invite à ralentir le rythme et à profiter des bienfaits du retour à soi en descendant dans tes profondeurs pour comprendre tes propres fondations. Tu es en pleine évolution et pour comprendre ce que tu as vécu ces derniers mois, tu es invité à faire le bilan de l'année écoulée. Félicite-toi de tout le chemin parcouru et pardonne-toi ce que tu pourrais te reprocher. Tu le sais, demain, tu seras une personne bien différente puisque tes expériences te permettent d'évoluer et d'apprendre à mieux vivre.

Cette carte te suggère de t'interroger sur les changements que tu pourrais opérer pour te sentir plus fort, plus confiant et plus solide pour avancer sereinement sur ton chemin personnel.
Demande-toi ce que tu devrais abandonner dans ta vie ou dans ton mode de fonctionnement pour solidifier tes fondations intérieures.

Réfléchis à ce que tu souhaiterais laisser vivre en toi et voir émerger dans les mois à venir, et aux choses que tu devrais laisser s'éteindre, car elles ne te conviennent plus.

Cette carte t'invite également à te concentrer sur ce qui t'est essentiel. Le reste est souvent superflu et te fait dépenser beaucoup d'énergie inutilement.
Libère-toi de ce superflu pour économiser tes forces pour les choses qui te sont vraiment importantes afin de faire de la place au renouveau prochain.

SHADOW WORK • JOURNALING

Qu'aimerais-tu abandonner dans ta vie sans y parvenir ? (Lien, comportement, habitudes, pensées, travail, projet, etc.)

Pourquoi est-ce difficile d'amorcer ce changement ?

Quelle(s) peur(s) se cache(nt) derrière ce blocage ?

Aimes-tu te retrouver seul avec toi-même ? Si la réponse est négative, pourquoi ?

Qu'est-ce qui est essentiel dans ta vie ?

Y consacres-tu assez de temps ? Si la réponse est « non », comment pourrais-tu t'organiser pour avoir la possibilité d'y consacrer plus de temps ?

IMBOLC

24

Le 1er février

Datation : *février à fin mars*

Saison : *hiver*

SAISON SOMBRE

NUIT ↓ JOUR ↑

Le pouvoir de l'espoir · Gestation · Fertilité

Imbolc est célébré le 1er février. On y célèbre le retour encore timide de la lumière alors que les journées sont encore froides. Les perce-neige annoncent la fin de l'hiver et l'arrivée prochaine du printemps. Les neiges fondent doucement, et la vie se réveille discrètement mais sûrement. Toute la nature se prépare à renaître.

Au cœur de l'hiver, quelques petites fleurs blanches trouvent assez de courage pour percer la neige afin de nous rappeler que, même lorsqu'il fait froid et sombre, la force de vie reprend ses droits. Ce sont les perce-neige, ces jolies petites fleurs blanches qui annoncent le retour du printemps.

Cette carte t'invite à nourrir la joie et l'optimisme et à ne pas sous-estimer ta force intérieure pour créer du renouveau dans ta vie. Tu es en train de renaître et, tout comme cette jolie fleur, tu as besoin d'un peu de temps pour trouver la force de t'élancer vers la lumière.
Tu n'en as peut-être pas conscience, pour le moment, les changements se font discrètement au creux de ton être.
Tu es en gestation. À ton rythme, prépare-toi à cette transformation qui t'amènera vers un chemin de lumière.

Soutiens ce processus par des actes et par des pensées positives. Si de nouvelles idées et de nouveaux projets émergent dans ton esprit, ne les bride pas, car ils t'accompagneront vers ce nouveau cycle.

Pour te soutenir dans ce processus, tu peux faire ton grand ménage de printemps. Ranger et nettoyer ton intérieur permet réellement de purifier ton esprit et ton cœur. Ton Nouveau Monde se réveille doucement.
Félicite-toi pour ta résilience.

SHADOW WORK • JOURNALING

Qu'est ce qui nourrit ton espérance ? (Quelles sont les choses qui te donnent à espérer et qui t'encouragent ?)

Qu'espères-tu pour toi ?

Qu'aimerais-tu enfanter ? As-tu de nouveaux projets ?

Quelle graine souhaiterais-tu voir fleurir en toi et dans ta vie ? As-tu des idées et des pistes pour y parvenir ?

Le 21 mars

Datation : *fin mars et avril*

Équinoxe de printemps · **Saison** : *printemps*

SAISON SOMBRE · NUIT ÉGALE JOUR

Le pouvoir du renouveau · Renaissance · Réveil

Ostara se célèbre aux alentours du 21 mars. C'est l'équinoxe de printemps. Symbole d'équilibre et d'harmonie, le jour est d'une durée égale à celle de la nuit. Les jours prochains seront de plus en plus longs, symbolisant la victoire de la lumière sur les ténèbres. La vie, après son long repos, se réveille enfin. La terre renaît et les fleurs printanières habillent les sols de leurs jeunes couleurs. La période de la fertilité peut commencer avec le début des semences.

À l'instar de notre Terre-mère, qui nous offre de nouvelles couleurs, un air plus doux et une nouvelle mélodie, au printemps, un nouveau souffle de vie nous envahit avec ses jeunes envies et son nouveau rythme quotidien.

Tu t'éveilles, toi aussi. Tu as parcouru un long chemin et tu es plus conscient que tu ne l'étais hier encore.

Cette carte t'invite à suivre le rythme du changement. En modifiant ta vision du monde et en faisant le deuil des expériences passées, tu prépares ta terre intérieure à recevoir de nouvelles graines.
Tes croyances sur ce que tu vis évoluent, et de nouvelles croyances viennent les remplacer.

À partir de ce terreau peuvent alors naître de nouvelles envies, de nouvelles motivations, et par conséquent de nouveaux projets. Tu peux enfin renaître, car ta terre intérieure est très fertile.

Tu es invité à épouser l'énergie d'Ostara en insufflant la nouveauté dans ta vie.
Si ce n'est pas déjà fait, change ton angle de vue et nettoie ta terre intérieure de tout ce qui la pollue.
Tu verras que la vie reprend toujours ses droits, avec de nouvelles couleurs et une nouvelle mélodie salvatrice qui

sauront éveiller ton feu intérieur.
Laisse-toi la chance de te créer de jeunes et beaux souvenirs en t'ouvrant à de nouvelles expériences. Offre plus de légèreté à ton âme et honore la vie qui s'éveille en toi.
Le renouveau t'offre le chemin des possibles.

SHADOW WORK • JOURNALING

As-tu peur des nouvelles expériences ?

Te sens-tu prêt à accueillir de nouvelles expériences (nouvel amour, nouveau projet, nouveau travail, nouvelles habitudes, nouveau rythme, etc.) ?

Quelle nouveauté aimerais-tu vivre ou voir dans ta vie ?

Quelle expérience es-tu prêt à vivre ?

Comment pourrais-tu t'organiser pour que ce renouveau puisse intégrer ton quotidien ?

BELTANE

26

Le 1er mai

Datation : *mai à fin juin*

Saison : *printemps*

SAISON CLAIRE · JOUR ↑ · NUIT ↓

Le pouvoir de l'amour · Simplicité · Cœur · Vivant

Beltane se célèbre du 30 avril au 1er mai. Cette fête honore le retour du soleil et des beaux jours, le passage de la saison sombre à la saison claire. Dans son élan d'amour instinctif, la nature se reproduit. Les désirs d'unions sont autant d'hymnes à l'amour pour célébrer la vie.

À chaque nouveau printemps, la faune et la flore sont poussées par une énergie invisible : l'amour instinctif. Cette impulsion leur permet de se reproduire pour perpétuer leur espèce et pour survivre.
C'est un amour gracieux, car il existe malgré elles. C'est le simple désir de vie qui leur permet de multiplier le vivant. La faune et la flore honorent leurs rôles tout simplement.

Une sage leçon de vie pour nous, les humains, qui avons parfois beaucoup de mal à aimer et à faire les choses de manière simple jusque dans notre sphère intime et familiale.

Pourtant, pour que de jolies fleurs puissent éclore dans notre jardin intérieur, il faut planter de jolies graines.

Tout est tellement plus facile quand l'amour et la simplicité habillent nos paroles et nos actes.

Cette carte t'invite à ouvrir ton cœur et à faire preuve de plus de simplicité.
Ne laisse pas ton ego parler et agir pour toi.
Ne te laisse pas influencer par des jugements qui risquent de devenir des reproches.
Ne cherche pas à vouloir tout comprendre et à tout expliquer parce que certaines choses ne répondent pas à tes attentes.
Exprime simplement tes désirs et observe les actes, car ils en disent long sur ce qui motive les gens.
Et quelles que soient leurs motivations, comprends-les simplement sans les condamner ou essayer de les influencer

pour qu'ils abondent dans ton sens.
Chacun évolue à son propre rythme avec ses problématiques personnelles.

Ouvre ton cœur en étant indulgent et tolérant.
Cette ouverture te permettra de ne pas nourrir de la rancœur et de la colère.
En ne laissant pas tes ressentiments étouffer ton feu intérieur, tu te rends réellement service.
Cette attitude peut aussi débloquer des situations et transformer le cours des événements.

SHADOW WORK • JOURNALING

Quelles sont tes conditions pour être en mesure d'aimer ou d'apprécier une personne ?

Parviens-tu à ouvrir ton esprit et ton cœur afin d'essayer de comprendre les autres sans les juger ?

Penses-tu que l'amour se mérite ? Si oui, quelles sont les conditions pour mériter ton amour ?

Selon toi, quelles places ont tes principes et tes valeurs dans tes relations ?

Penses-tu que tes principes et tes valeurs valent plus que ceux des autres ?

Sais-tu exprimer simplement tes attentes ou prends-tu des chemins détournés pour les exprimer ?

Exprimes-tu tes attentes ou attends-tu qu'on les devine ?

Le 21 juin

Datation : *fin juin et juillet*

Solstice d'été · Saison : *été*

SAISON CLAIRE · LE JOUR LE + LONG · LA NUIT LA + COURTE

Le pouvoir de la lumière · Briller · S'épanouir

Aux alentours du 21 juin, c'est le solstice d'été et le jour le plus long de l'année. Le soleil est à son zénith et on célèbre cet astre de feu, sa chaleur et sa vitalité. La terre nous offre ses cadeaux luxuriants en abondance.

Des feux sont allumés pour encourager le soleil à briller.

Voilà venu l'été, où le soleil nous donne des ailes et la chaleur nous invite à nous déshabiller.

Cette carte te murmure d'oser te déshabiller en ôtant tes artifices. Tu n'as pas besoin de tous ces subterfuges pour briller.
Tu es magnifique tel que tu es, tu peux retirer tes masques. Sois simplement toi-même et, surtout, sois en accord avec tes valeurs.
En étant bien avec toi, heureux et satisfait de la personne que tu es, tu pourras alors faire resplendir ton feu et ta lumière intérieurs.

As-tu remarqué comme une personne souriante, épanouie et en accord avec elle-même resplendit de beauté ?
Derrière tes peurs, tes complexes et tes masques, tu es, toi aussi, cette personne. Tu es invité à t'accepter tel que tu es et à partager tes richesses intérieures.

Tu n'as pas besoin d'être accompagné de personnes que tu trouves brillantes pour avoir l'impression de briller.
Tu n'as pas besoin de jouer des rôles pour avoir l'impression de briller.
Tu n'as pas besoin de te sentir supérieur aux autres pour briller.
Sois toi-même et partage les qualités intérieures que la nature t'a offertes.
Tu verras que ton rayonnement intérieur sera si puissant qu'il réchauffera le cœur des autres.

Cette carte t'invite à oser t'affirmer et à trouver et à prendre ta place dans le monde.
Sois solaire, sois charismatique !
Tu as beaucoup à apporter, et tu le mérites, alors continue ton chemin sans craindre de réussir.

SHADOW WORK • JOURNALING

Que fais-tu pour briller ?

Penses-tu briller par toi-même ? (Par une compétence, un talent, ta profession, ta richesse matérielle, etc.)

As-tu peur de briller ? Si oui, pourquoi ?

Que penses-tu des personnes de ton entourage qui brillent ou réussissent ?

Joues-tu des rôles (des apparences) pour te valoriser aux yeux des autres ?

As-tu peur d'être jugé les jours où tu te sens plus vulnérable ?

As-tu peur que l'on te jalouse ?

Liste 3 de tes qualités qui te permettent de briller. Sont-elles en accord avec tes valeurs ?

LUGNASAD

28

Le 1er août

Datation : *août à fin septembre*

Saison : *été*

SAISON CLAIRE · JOUR ↓ · NUIT ↑

Le pouvoir de l'abondance · Récolte · Richesse

Lugnasad, célébrée traditionnellement entre le 31 juillet et le 1er août, est la fête des premières récoltes et des moissons. On célèbre la générosité de la terre. C'est également une période qui annonce la fin de l'été, et l'occasion de prendre conscience du déclin de la vie qui approche avec le prochain sabbat. Lugnasad célèbre la générosité, les richesses de la terre, l'abondance et le partage. On célèbre le pouvoir de la vie et de la terre. Après la gestation, la fertilité, la fécondation, la renaissance, l'heure est à l'accomplissement dont les fruits se partagent dans la joie et la convivialité.

Cette carte s'invite dans ton tirage pour te parler de tes richesses intérieures et d'abondance.

Il existe de multiples formes de richesses : des qualités personnelles qui te permettent d'aller de l'avant, un talent prometteur, des expériences qui vont te permettre de gagner en assurance, le soutien de tes proches, des personnes que tu aimes et le temps nécessaire pour mener à bien tes projets. Nous sommes tous riches de quelque chose : d'argent, de temps, de talent, de compétences, d'idées, d'amour ou encore de bienveillance, etc.
L'abondance se crée à partir de ces richesses.

Enfant, lorsque ma grand-mère trouvait une pièce au sol, elle me disait qu'il fallait vite la ramasser, car elle n'allait pas pousser ! Je lui répondais que, malheureusement, on ne lui en laissait jamais le temps, car il y avait toujours une personne pour la ramasser avant qu'elle ne puisse nous révéler ses trésors.

Eh oui, nous avons tendance à vouloir garder pour soi les richesses créatrices d'abondance parce que nous avons peur d'en manquer. Tout comme on s'impatiente de ne pas recevoir l'abondance que l'on espère. Pourtant, c'est en permettant à nos richesses de se transformer que l'abondance se crée. L'abondance fleurit lorsqu'on investit, d'une manière ou d'une autre, nos richesses personnelles. Lorsqu'on leur permet de se transmuter.

Avec quelques pièces en poche, tu peux décider de les échanger contre des ingrédients pour cuisiner, des cours pour te perfectionner, un présent à offrir à un être cher ou les économiser pour qu'elles te rapportent des intérêts. Ainsi, avec ces pièces, tu peux prendre soin de toi et des autres, faire plaisir, te perfectionner, ou encore assurer ton avenir matériel. Tu crées de l'abondance de gentillesses, d'attentions, de possibilités professionnelles ou matérielles. Avec un peu de temps, tu peux reprendre des études, t'occuper de ta famille, t'investir dans une association caritative, lire les livres empilés dans ta bibliothèque, etc. Peu importe ce que tu en fais, sois certain que tu nourriras une énergie qui te le rendra grandement, à sa manière. Que ce soit en satisfaction personnelle, en amour, en idées, en connaissances, en solutions, en nouvelles compétences ou encore en confiance. L'énergie de l'abondance crée l'abondance quand elle est en mouvement.

En privant les autres de ce dont tu penses manquer, tu empêches l'énergie de l'abondance de circuler.

Si tu manques d'amour, ne te renferme pas. Si tu manques d'idées, ne bride pas ta créativité. Si tu manques de mots, ne coupe pas le dialogue. Au contraire, continue à aimer, à créer et à t'exprimer, car l'amour naît de l'amour, les idées de la créativité et les mots du partage.

Si tu manques de temps, n'impose pas ton rythme aux autres. Ne reste pas bloqué sur ton manque, car tu ne peux plus reconnaître et recevoir ce que la vie et les autres t'offrent. Libère ton esprit de ces pensées afin de créer un espace vide en toi, prêt à recevoir l'énergie de l'abondance qui circule.

Nous sommes tous riches de quelque chose que nous partageons continuellement. Sois dans de meilleures dispositions pour recevoir et donner.

SHADOW WORK • JOURNALING

De quoi te sens-tu riche ?

Dans quel domaine de ta vie aimerais-tu avoir plus d'abondance ?

Que pourrais-tu investir ou partager pour créer cette abondance ? Du temps ? De l'argent ? Des compétences ? Des idées ? Tes qualités ? Tes talents ?

As-tu peur de prendre des risques et, par conséquent, de perdre plus que de gagner ?

Es-tu à l'aise quand on t'offre quelque chose ?

Es-tu à l'aise avec le fait de recevoir ?

Si la réponse est « non », que ressens-tu ? De quoi as-tu peur ? As-tu peur d'être redevable, que l'on t'achète, de te sentir obligé de quelque chose ou autre ?

Entre le 19 et le 23 septembre

Datation : *fin septembre à fin octobre*

Équinoxe d'automne · **Saison** : *automne*

SAISON CLAIRE · JOUR ÉGAL NUIT

Le pouvoir de la gratitude · Remercier · Réserver

Entre le 19 et le 23 septembre, l'équinoxe d'automne est là avec son équilibre entre la durée du jour et celle de la nuit. Nous célébrons Mabon. Bientôt, les nuits seront de plus en plus longues tandis que les jours se feront de plus en plus timides. Fête de la fin des récoles et du début des réserves afin de préparer la prochaine saison froide, l'hiver, qui approche à grands pas. Mabon annonce la fin d'un cycle. La terre se transforme petit à petit, elle s'éteint doucement, c'est le déclin.

À l'approche de l'automne, nos anciens remerciaient la terre pour les récoltes et faisaient des réserves pour affronter le prochain hiver. Ils étaient très reconnaissants des présents de la terre, car, pour eux, ces récoltes étaient une question de survie.

Aujourd'hui, nous vivons dans une société de consommation où dès que l'on satisfait un désir, on court déjà derrière l'envie d'en satisfaire un autre… en oubliant le bonheur ressenti d'avoir assouvi le désir précédent.
On se sent, alors, de plus en plus démuni et frustré de ne pas posséder tous les objets de nos désirs.
C'est comme si nous avions abandonné dans le grenier tout ce que l'on possédait déjà de nos désirs lointains, et que l'on trouvait notre intérieur vide de tout ce que l'on ne possède pas encore. On se crée le manque.

Cette carte t'invite à ne pas oublier tout ce que la vie t'a offert, car rien n'est jamais acquis. Que ce soit une relation, un bien matériel, un travail, un foyer chaleureux ou encore la santé, rien n'est jamais acquis.
Cette carte t'invite à reconnaître les cadeaux de la vie et, surtout, à en prendre soin.
Si tu ne donnes pas assez d'attention à ton couple, il te sera difficile de le garder en bonne santé. Si tu ne prends pas soin de toi, à un moment donné, tu fragiliseras ta santé.
Cultive un sentiment profond de gratitude envers ce que la

vie t'offre. En ayant conscience des richesses que tu possèdes, tu seras dans une démarche positive, car le sentiment de gratitude permet de détourner ton attention du manque, pour t'emplir d'un sentiment de satisfaction.

En prenant conscience de ce que la vie t'offre, et de l'impermanence de ces présents, tu prends vraiment conscience des énergies positives qui ponctuent ton quotidien.

La gratitude est aussi un état d'esprit d'ouverture qui permet de recevoir de nouveaux présents. Une manière de dire à l'*Univers* que tu es prêt à recevoir et que tu l'en remercies.

Bien sûr, tu peux désirer recevoir plus, néanmoins, fais en sorte de transformer ces désirs en des objectifs afin qu'ils ne deviennent pas des manques. Si tu as la chance d'avoir l'essentiel, ne va pas te rendre malheureux de ne pas avoir plus, car, là encore, tu seras mal disposé à reconnaître et à recevoir les cadeaux de la vie.

Et, enfin, cette carte t'invite à garder au creux de ton cœur et de ta mémoire tous les bons souvenirs, tout ce qui te rend heureux pour les mois à venir. Tu auras besoin de toutes ces jolies choses pour te réchauffer le cœur lorsque les jours seront plus tristes et plus froids.

Prends soin de toi et de ceux que tu aimes afin que, même au cœur de l'hiver prochain, une puissante chaleur intérieure puisse te réchauffer.

SHADOW WORK • JOURNALING

De quoi es-tu reconnaissant dans ta vie ?

Si tu devais faire une liste de toutes les choses pour lesquelles tu ressens de la gratitude, qu'écrirais-tu ?

De quoi as-tu peur de manquer et pourquoi ?

Que ressens-tu et comment réagis-tu quand tu ressens un manque ?

Prives-tu les autres de ce que tu as peur de manquer ? Réfléchis bien, comment directement ou indirectement prives-tu les autres de ce que tu as peur de manquer (ou de ce dont tu manques) ?

LES CARTES DES PHASES DE LA LUNE

LES RYTHMES

NOUVELLE LUNE

30

JOUR 1

Intention · Exprimer · Demander

Regarde cette lune naissante prête à se laisser caresser par la lumière croissante dans cette nuit sombre, elle sait qu'elle est destinée à briller. Pas à pas, à son rythme, elle diffusera sa lumière et partagera sa puissante énergie sans se précipiter. Pour le moment, elle commence sa croissance prometteuse. Elle est comme les perce-neige, elle annonce le renouveau. Tout a un commencement, et tu y es.

Un nouveau cycle s'amorce pour toi, et c'est le parfait moment pour formaliser un nouveau souhait, car l'*Univers* est prêt à t'écouter.
Qu'aimerais-tu expérimenter ?
As-tu un projet en tête, un amour au cœur, une âme en fête ?

Exprime clairement ton souhait pour focaliser les énergies vers un but précis. Il est important d'avoir une intention claire et précise afin que le monde subtil sache vers où t'accompagner. Si ton intention est imprécise, ce que tu recevras le sera aussi.

C'est le moment idéal pour commencer un nouveau projet, débuter une relation.
Tu as beaucoup appris de tes expériences passées. Quelle que soit ta question, la nouvelle lune t'offre la possibilité d'un renouveau avec ce nouveau cycle. Tu as aussi la possibilité de recommencer ou de revivre une expérience sur des fondations neuves ou consolidées.

À l'image de cette lune qui s'éclaire doucement, mets en lumière tes failles pour mieux appréhender ce qui n'a pas fonctionné jusqu'alors. Cette nouvelle conscience contribuera à la solidité des fondations sur lesquelles tu vas construire ton chemin à venir.

Dans tes interactions avec les autres, il est important d'exprimer clairement ce que tu veux, ce que tu espères, ce que tu attends. Ton comportement et tes mots doivent s'aligner à tes intentions.
N'attends pas des autres qu'ils lisent dans tes pensées.
Demande.

Sois simple et transparent dans ta manière de communiquer avec les autres et pour formuler tes attentes.

Peut-être te sens-tu perdu, ne sachant plus vraiment ce que ton âme désire.
Si c'est le cas, la première chose à faire est d'épurer tes pensées. Pour cela, demande-toi ce qui pourrait profondément faire vibrer ton âme si tu n'avais aucune peur et aucune contrainte matérielle. Puis commence par échafauder une première idée avant de la développer afin qu'elle soit de plus en plus précise. Voilà une excellente base pour commencer ce cycle !

SHADOW WORK • JOURNALING

Quel souhait aimerais-tu voir se concrétiser dans ta vie ?

Pour quel rêve ou quel souhait serais-tu prêt à t'investir ?

Une fois ton souhait identifié, note-le dans ton journal. Tu pourrais y rédiger une lettre à l'*Univers* en précisant les détails de ce que tu désires.

PREMIER CROISSANT

31

JOUR 3

Organisation · Planifier · Structurer

Il est temps de t'organiser ! Pour matérialiser ton souhait, faire de ton idée une réalité, tu dois commencer par structurer ton projet. Il ne suffit pas de vouloir une chose pour qu'elle se manifeste, tu dois te donner les moyens d'y parvenir. Et la première étape est de t'organiser pour que ton rêve soit possible.

Savais-tu que le chat passait plus de temps à observer sa proie qu'à être dans le feu de l'action lors de la chasse ?
Eh bien, tu en es là : tu dois faire de la place dans ta vie pour recevoir ce que tu désires, analyser et structurer ton projet pour te sentir prêt lorsqu'il sera temps de passer à l'action.

Cette attitude est aussi un message que tu envoies à l'*Univers* pour lui dire que tu es disposé à faire le nécessaire afin de recevoir ce que tu espères. C'est un message d'ouverture que tu lui transmets au travers de ta posture. C'est, également, une manière d'affirmer ton intention.

Le seul fait de t'organiser te permet de focaliser ton attention sur les objectifs pour lesquels tu demandes à l'*Univers* de te soutenir.

Si cela concerne le domaine professionnel ou un projet personnel, rassemble tes idées et tes réflexions, donne une forme cohérente à l'ensemble et commence à planifier les prochaines étapes.
Surtout, respecte ton rythme et sois réaliste. N'essaie pas de précipiter les étapes ou de viser trop haut si tu ne t'en sens pas encore capable. À vouloir aller trop vite, tu risques d'être épuisé pour la suite de l'aventure. Surtout, suis ton rythme personnel.

S'il s'agit de ton petit cœur, tu es invité à faire preuve d'initiatives pour donner corps à tes sentiments et pour initier les rencontres. Peut-être est-il nécessaire de revoir ton approche et d'apprendre à ouvrir ton cœur autrement.

Si tu es en couple, il s'agit aussi de vous interroger sur vos projets communs. Sont-ils existants ? Les projets communs sont des signes d'engagement mutuel. Tu pourrais, peut-être, proposer à la personne qui partage ta vie un projet et commencer à le planifier avec elle. Qu'en penses-tu ?

SHADOW WORK • JOURNALING

Comment pourrais-tu organiser tes journées ou ta semaine pour te libérer du temps afin de te consacrer à la réalisation de ton souhait ?

Comment pourrais-tu rendre réalisable ton projet ? Que pourrais-tu faire dans ce sens ?

Quelle forme pourrait avoir ton projet ?

Par quoi pourrais-tu commencer et quelles seraient les différentes étapes successives ?

As-tu réalisé un plan d'action ?

As-tu réalisé une liste de tout ce que tu devrais faire ?

JOUR 7

Action · S'engager · S'investir

Avec le premier quartier de lune, l'énergie s'amplifie, une montée en puissance qui génère du mouvement et de l'impulsion.

Profite de cette dynamique pour agir dans la matière afin de concrétiser ton souhait.

Tu l'auras compris, quand cette carte apparaît, il est temps de passer à l'action ! Mais pas de n'importe quelle manière.

Pour ce faire, sois attentif à ton attitude et à ta manière de faire, car cette carte apparaît souvent pour te signaler que ton attitude ou tes actions ne sont pas entièrement alignées à tes désirs.
Il y a des blocages qui t'empêchent de te comporter de manière constructive pour manifester dans ta réalité l'objet de ton souhait.

Si tu as un objectif, engage-toi pleinement dans ce qui devrait être ta priorité.

Rien de ce que tu espères ne pourrait se manifester dans ta réalité si tu ne t'engages pas à poser des actes qui vont dans le sens de ton souhait. Si ton attitude ou ton comportement vont à l'encontre de ce que tu souhaites pour toi, tu ne parviendras pas à matérialiser ce que tu veux. C'est contre-productif.

Extrais-toi du regard critique que tu peux te porter. Cesse de te juger sur les premiers pas que tu as déjà entrepris. Les démarrages sont souvent difficiles, mais une fois que tu es dans le flow, les actes deviennent plus fluides et tu pourras profiter de cet élan pour continuer à aller de l'avant.

Gonfle-toi d'assurance et go ! Go ! Go !

SHADOW WORK • JOURNALING

Quelles démarches pourrais-tu faire et quelles actions pourrais-tu mener pour réaliser ton souhait ?

As-tu fais une liste de toutes tes démarches ?

As-tu suivi un plan d'action ?

Parviens-tu à respecter tes résolutions ou as-tu tendance à t'éparpiller ?

Te laisses-tu influencer par l'extérieur ?

Manques-tu de confiance en toi ?

GIBBEUSE CROISSANTE

33

JOUR 11

Perfectionner · Améliorer · Patienter

Avec la lune gibbeuse croissante, l'énergie croît tout en apportant une certaine stabilité. Tu es certainement en attente d'une amélioration, d'une réponse ou d'un résultat. Ce n'est pas encore tout à fait le moment.
Tu es invité à maintenir tes efforts.

Continue à t'investir afin d'améliorer les bases que tu as déjà posées.
Il y a certainement des points qui mériteraient d'être revus, enrichis ou perfectionnés.

Ne sois pas timide, peaufine ta méthode ou ton approche.
Améliore ce que tu as déjà créé.
Va au-delà de tes premiers objectifs et de tes premières idées. Une énergie d'expansion est présente, alors n'hésite pas à être généreux et audacieux.

Dans une relation, c'est une période où l'investissement personnel est nécessaire. Dans ce domaine aussi, n'hésite pas à faire preuve de générosité, de clarté et d'audace.

Cette lune invite donc à une patience active : une implication personnelle permettant de faire ses preuves, de peaufiner son projet, de rectifier ou de clarifier certains points ou d'enrichir une relation, une méthode ou un dossier.

Utilise judicieusement ce temps qui t'est disponible.

SHADOW WORK • JOURNALING

Que pourrais-tu améliorer dans ton approche, ta méthode, ta vision des choses et ton projet ?

Si tu as envie d'abandonner ton souhait, quels sont les points ou les choses qui te donnent envie de laisser tomber ? Est-ce un état passager ou le fruit d'une longue réflexion ?

Comment pourrais-tu renforcer les points qui te semblent fragiles ?

Quels blocages rencontres-tu et comment pourrais-tu y remédier ?

JOUR 13 À 15

Accueillir · Amplifier · Canaliser

À la pleine lune, l'énergie est à son apogée. Une énergie de transformation et de changement est en cours, symbolisée par ce corbeau.

Cette carte t'invite à accueillir ce qui se manifeste dans ta vie, d'apprécier les fruits de tes efforts, de canaliser ton énergie et de te chouchouter si tu te sens à fleur de peau.

Si tu t'es investi dans un projet et une relation, tu as certainement des attentes : tu aimerais que la suite corresponde à tes espérances. Tu voudrais cueillir les fruits de tes efforts et de ton investissement.

Avec la pleine lune, la naissance approche. Bientôt, tu pourras voir les premiers résultats de tes intentions et de tes actions.

Peu importe le résultat, réjouis-t'en !
Si le résultat ne correspond pas tout à fait à tes attentes, accueille-le sans porter de jugement. Tu as le droit d'être déçu, bien sûr, mais ne te décourage pas et ne te dévalorise pas.
Ce n'est pas parce que cela n'a pas fonctionné comme tu le voulais que ça ne fonctionnera pas la prochaine fois.
D'ailleurs, l'énergie intense de la nouvelle lune est propice au démarrage de nouveaux projets, alors profites-en !
Surtout, sois à l'écoute de ton intuition qui devrait être particulièrement exaltée en cette période.

Sous la lueur de cette énergie puissante, tu peux aussi trouver le courage de t'atteler à des tâches que tu as délaissées jusqu'alors parce que tu les trouvais trop contraignantes. Voilà un excellent moyen de canaliser ton énergie si elle est débordante et que tu as tendance à te disperser.

Tu pourrais également te sentir à fleur de peau, car les sentiments et les émotions sont exacerbés par cette lune pleine et brillante.

Si ton monde intérieur te semble trop intense au point de ne plus parvenir à le gérer, canalise ton énergie en te dépensant physiquement, en focalisant ton attention sur des activités et des tâches nécessitant une attention soutenue, ou en laissant ta créativité s'exprimer.

Là où tu en es, que ressens-tu face à tes attentes et à ton objectif ?

Es-tu heureux de ce que tu as déjà accompli ?

À quelle(s) tâche(s) difficile(s) ou délaissée(s), et pourtant nécessaire(s), pourrais-tu t'atteler ?

JOUR 18

Bilan · Solution · Conclure

Lorsque la lune décroît, au rythme de sa lueur qui décline, on se libère de quelque chose. Et pour que cette démarche soit possible, il est utile de tourner son regard vers soi pour identifier ce qui a, et ce qui n'a pas fonctionné, afin de déceler ce qu'il serait salvateur de libérer.
Ce processus participe activement à la transformation que tu veux voir émerger dans ta vie.

Aussi, quel que soit ton souhait ou ton projet, il est temps de faire le bilan de tes dernières expériences.

Pour que cette démarche soit pleinement satisfaisante, il est nécessaire de te détacher de tes attentes afin de poser un regard objectif et distancié sur l'état actuel de ton projet ou de ta situation.

Alors, où en es-tu de ton projet ou de la réalisation de ton souhait ?
À ce jour, es-tu satisfait du résultat ?
Qu'est-ce qui fonctionne et qu'est-ce qui ne fonctionne pas ?

Fais la lumière sur ton évolution et sur tes progrès, et sois-en fier !

Si ton souhait ne s'est pas encore concrétisé, cette carte t'invite à peaufiner ton projet en te basant sur l'analyse que tu en as faite. Que pourrais-tu abandonner ? Que pourrais-tu améliorer ? Le « *jeu en vaut-il vraiment la chandelle* » ?
Ce bilan est aussi l'occasion de trouver les solutions pour améliorer ce qui a besoin de l'être.

Avec la lune gibbeuse décroissante, tu es donc invité à comprendre pourquoi certaines choses ne fonctionnent pas et à te remettre en question afin d'être dans une démarche constructive pour l'avenir. Comprendre ces points te permettra de ne pas faire les choses de la même manière et de trouver une approche ou une méthode plus adaptées à ton désir sans faire les mêmes maladresses.

SHADOW WORK • JOURNALING

Quels sont les points faibles et les points forts de ton projet ou de ta démarche ?

De quoi es-tu satisfait et de quoi ne l'es-tu pas ?

Quelles méthode(s) et approche(s) devrais-tu abandonner, et lesquelles veux-tu garder et améliorer ?

As-tu toujours l'envie de réaliser ce souhait ou de continuer ce projet ?

Quel(s) progrès as-tu fait ?

Es-tu fier de ton évolution et de tes progrès ?

Comment pourrais-tu améliorer ton approche ou ta méthode ?

DERNIER QUARTIER

36

JOUR 21

Se libérer · Trier · Laisser s'en aller

La lune se déshabille de son manteau d'argent, t'invitant, toi aussi, à te libérer. Voilà, une chose s'est manifestée dans ta vie, que tu en sois pleinement satisfait ou pas, il est temps pour toi de te libérer de tes attentes ou de tout autre élément venant freiner ton évolution.

Prochainement, la lune recommencera un nouveau cycle, ce sera l'occasion pour toi de débuter un nouveau projet et de manifester un nouveau souhait. Mais avant cela, si tu veux que la nouveauté s'installe dans ta vie, tu dois être en mesure de l'accueillir. Si tu veux que de nouvelles idées et de nouveaux projets peuplent ton esprit, tu dois avoir assez d'espace dans ta tête pour qu'ils puissent s'y installer. Si tu veux que de nouvelles émotions et de nouveaux sentiments charment ton cœur, tu dois désencombrer l'entrée et ouvrir ses portes.

Rien de nouveau ne peut survivre dans un espace pollué ou complètement étouffé par les vestiges des histoires d'antan ou les espérances d'anciennes attentes.

Il est temps de te dépouiller du passé. Fais le tri dans ton cœur et dans ta tête.
Libère-toi des anciennes histoires, des ressentiments, de la culpabilité, des regrets et des croyances qui ne cessent de créer des blocages dès que tu es prêt à te métamorphoser. Toutes ces vieilleries n'ont plus aucune utilité.

Libère-toi de ces poids qui t'empêchent de t'envoler et te gardent prisonnier du passé.

Prends le temps d'accueillir tes émotions, puis laisse-les s'envoler.
Bientôt, tu te sentiras prêt.

SHADOW WORK • JOURNALING

Quelles vieilles histoires sont encore bien présentes en toi ?

Quelles attentes et quelles espérances te retiennent ?

As-tu des remords ou des regrets ? Si oui, lesquels et pourquoi ?

Que voudrais-tu garder et qu'aimerais-tu abandonner dans ton projet ou dans ta vie actuelle ?

Quelle(s) partie(s) de ton projet te donne(nt) du fil à retordre, te bloque(nt) vraiment ou est (sont) difficilement gérable(s) pour toi ?

JOUR 25

Lâcher prise · Confiance · Penser à soi

La lune achève son cycle. Un minuscule croissant de lune éclaire encore la terre. Une dernière lumière avant de recommencer sa danse. Il est temps de lâcher prise pour se laisser porter par le vent du renouveau qui commence déjà, timidement, à souffler.

Néanmoins, pour te sentir prêt pour cette renaissance, tu dois encore supprimer les quelques résistances que tu ressens certainement au creux de toi. Ce n'est pas toujours facile d'accepter de se laisser simplement porter par le courant de la vie, en toute confiance.

Ne résiste plus, demain sera splendide si tu réussis à faire confiance à la vie et si tu cesses de t'accrocher au passé. Reviens au présent.

Je sais que cela est difficile, mais je t'assure que tu n'as rien à gagner à vouloir contrôler ce qui n'est pas contrôlable.
Tu as fait le nécessaire, ce qui était en ton pouvoir, maintenant, laisse les tensions s'évacuer et le stress s'en aller.
Tu dépenses de l'énergie inutilement pour des choses pour lesquelles tu n'as aucune possibilité d'agir.

Ton inquiétude, ta peur et ton anxiété ne feront ni avancer le temps ni évoluer la situation comme tu l'entends.

Le contrôle nuit à ton bien-être physique, mental et émotionnel. Quand tu es dans le contrôle, ton esprit est tellement accaparé par l'évolution d'un contexte que tu es incapable d'apprécier pleinement les joies que t'offre le présent.

Cesse de te projeter et reviens là au « *ici et maintenant* ».
Respire, chouchoute-toi, relaxe-toi, médite, fais-toi plaisir.
Remplis ta tête et ton cœur de toutes les belles choses qui habillent ton quotidien. Tout n'est jamais négatif ou positif.
La vie est pleine de jolies nuances qui résonnent à chaque nouvelle journée. Focalise ton attention sur ce qui contribue à te faire sentir bien.

Les événements, les relations, les situations ont besoin de temps pour infuser puis se digérer avant de pouvoir se clarifier. Et, parfois, il n'y a tout simplement plus rien à faire. Dans ce cas, le contrôle ou la volonté d'influencer le cours de l'histoire est totalement inutile.

Et surtout, quoi qu'il advienne, sache que tu as le pouvoir de trouver les solutions pour répondre à toutes les éventualités. Sur ton chemin, tu n'es jamais seul, la vie s'arrange toujours pour t'envoyer d'autres possibilités, d'autres coups de chance pour te soutenir dans ton voyage.
Tu es continuellement escorté et protégé.

Arrives-tu à lâcher prise ?

Si tu lâchais prise, selon toi, qu'arriverait-il ?

Parviens-tu à relativiser les événements ?

Penses-tu pouvoir contrôler cette situation ou ce projet ?

Selon toi, que pourrais-tu faire de plus pour qu'il y ait une amélioration ?

À vouloir résister ainsi, que ressens-tu ?

Pourquoi ne fais-tu tout simplement pas confiance à la vie ?

Que ne pardonnes-tu pas ?

LES CARTES
DIVINATOIRES
ÉNERGIES ET DEVENIR

Imprévu · Inattendu · Bouleversement

Dans les jeux de cartes à jouer, la carte du *Joker* renvoie, sur bien des aspects, à la carte du *Fou* du tarot. Ce personnage qui s'élance dans le vide sans regarder où il marche, guidé par les seuls élans de son cœur tout en s'étant dépouillé de ce qui ne lui était plus utile pour son voyage. Il suit son instinct avec confiance.

Au Moyen Âge, le *Fou du roi* était celui qui amusait la cour. Sa liberté de parole était telle qu'il s'autorisait à railler le roi sans en subir les conséquences. Étant un fou, par définition, ses propos n'avaient aucune légitimité et aucun crédit, du moins en apparence. Son esprit critique et ses sarcasmes mettaient en exergue les motivations et les intérêts individuels des conseillers du roi sans qu'on lui en tienne rigueur. Derrière ses bouffonneries se cachaient des vérités qui, sans ce masque de fou, auraient pu lui coûter très cher.

Le *Joker* est le fou, le plaisantin, le bouffon, le filou, le fripon. Il est le *Trickster.*
Le *Trickster* est un personnage que l'on retrouve dans plusieurs contes et dans le folklore de différentes cultures. Il est celui qui trompe, celui qui est malin et rusé. Il est à la fois bon et mauvais. Il use d'autodérision, de mesquinerie, ne se souciant guère des valeurs morales, de la bienséance, des conformités et des codes sociaux. Il bouscule et questionne l'ordre établi, la morale, les pensées dominantes et les croyances communes.

Le psychiatre suisse *Carl Gustav Jung* voit en l'archétype du *fripon* (du *Trickster*) l'enfant intérieur, une part de soi ayant gardé son comportement et son fonctionnement d'enfant.

Le *Joker Trickster* bouleverse l'ordre et la logique. Il transgresse les règles établies et bouleverse l'ordre des choses.
Et c'est exactement ce qu'il annonce quand il s'invite dans ton tirage.
Avec lui, il faut t'attendre à l'inattendu et à une redistribution de la donne !
Une manière de rééquilibrer le jeu de la vie parmi les humains pour plus de divin.

Il s'immisce dans les affaires des hommes pour rééquilibrer leur chemin de vie, pour les pousser dans leur retranchement afin qu'ils puissent se poser les bonnes questions, celles essentielles à leur évolution personnelle.

Le *Joker Trickster* rééquilibre, à sa manière, les choses. On pourrait le voir comme une sorte de « justicier divin » intervenant dans les affaires des hommes en bouleversant leurs codes, leurs règles et leurs logiques.

Avec lui, tu peux t'attendre à ce que ce qui, logiquement, devrait arriver n'arrive pas.
Tu peux également t'attendre à ce que, ce qui devrait logiquement ne pas arriver arrive pour toi.

Si l'ensemble de ton tirage répond à tes espérances et que le *Joker Trickster* apparaît, tu es invité à te préparer à ce que les énergies présentes puissent facilement s'inverser.
Surtout, reste positif et demande-toi toujours ce que tu pourrais améliorer dans ton comportement ou dans tes projets pour maintenir des énergies positives. Pour t'y aider, tu peux tirer une autre carte, parmi les 55 cartes de l'oracle, que tu placeras au-dessus du *Joker Trickster* afin de recevoir un sage conseil pour maintenir l'équilibre souhaité.

Si l'ensemble de ton tirage ne répond pas à tes espérances, tu peux t'attendre à un soutien inopiné ou à un revirement de situation en ta faveur.

Le *Joker Trickster* annonce toujours une expérience très importante pour ton âme et la nécessité de mettre en lumière des parties de toi-même ou de ton projet qui seraient susceptibles de fragiliser ce que tu veux voir se concrétiser.

MOTS-CLÉS : imprévu, inattendu, renversement de situation, bouleversement.

SHADOW WORK • JOURNALING

Comment réagis-tu à l'imprévu ?

As-tu besoin de tout contrôler ?

Qu'est-ce qui t'effraie dans l'idée de ne pas tout contrôler ?

Que pourrais-tu mettre en place pour accepter l'imprévu ?

Chance · Opportunité · Apaisement

À l’instar de la *carte bleue* de l’*oracle de Belline*, cette carte extrêmement positive atténue les énergies négatives des autres cartes dans ton tirage. Elle adoucit leurs énergies sans pour autant les annuler.

Cette carte t’indique, tout simplement, que la chance est de ton côté.
Que tu l’aies cherchée, provoquée ou qu’elle soit un cadeau tombé des cieux, la chance marche à tes côtés.

Peut-être lui as-tu souri en premier et, par courtoisie, elle te répond aujourd'hui.
Peut-être a-t-elle été touchée par ton cœur blessé.
Peut-être a-t-elle simplement croisé ton chemin, entre mondain et divin.
Peu importe, laissons-lui un peu de mystère, tant qu'elle répond à tes prières.

Sois attentif. Apprends à la reconnaître et laisse à la chance l'opportunité de te surprendre.

La carte *Chance* t'invite également à croire en ta bonne étoile et à la réussite de ce que tu entreprends, surtout si elle est accompagnée de la carte *Joker Trickster*. Garde confiance en toi.

MOTS-CLÉS : chance, opportunité, heureuses synchronicités.

Crois-tu en ta chance ?

Crois-tu être une personne chanceuse ?

Si la réponse est « non », pourquoi ?

Comment pourrais-tu provoquer ta chance ?

Oui · Réussite · Satisfaction

Tu as des rêves plein la tête et des étoiles dans les yeux ! Laisse libre cours à tes rêves et donne-toi les moyens de les réaliser.

Les énergies s'alignent pour faire de ton souhait ta réalité. Elles n'attendent plus que toi. Eh oui, tu dois contribuer à cette magie.
Comment ?
En restant optimiste et positif.
En nourrissant de jolies pensées qui vont dans le sens de ton souhait.

En ressentant, dès maintenant, ce bonheur arriver. En te mettant en action : prépare, planifie, travaille et mets-toi en mouvement vers ton rêve. Après, laisse le temps au temps.

Si ton souhait concerne un projet à long terme, ne désespère pas de ne pas voir arriver les résultats immédiatement. Garde l'espoir et continue à avancer vers cette direction.

Si ta question concerne un choix que tu aimerais faire, mais dont tu crains les conséquences, ce OUI est une invitation à oser t'y aventurer en gardant pleinement confiance en la vie.

Quand ce OUI sera concrètement dans ta vie, nourris-le, respecte-le, applique-toi à l'aimer et à le faire perdurer aussi longtemps que tu désires continuer à le voir à tes côtés.

N'oublie jamais que rien n'est définitivement acquis.
Fais en sorte que de ce OUI naissent d'autres OUI !

MOTS-CLÉS : la magie opère, oui, réussite, accomplissement, satisfaction.

SHADOW WORK • JOURNALING

Es-tu pleinement satisfait de tes réussites ?

Que ressens-tu quand tu réussis quelque chose ?

Combien de temps dure ce sentiment de satisfaction ?

Quels événements ou situations seraient susceptibles d'étouffer ton sentiment de satisfaction ?

Non · Autre voie · Insatisfaction

Ne sois pas triste ou déçu par cette réponse. En effet, derrière chaque NON se cachent de nombreuses opportunités de OUI que tu ne perçois pas encore.

Le NON est aussi là pour t'indiquer que la voie que tu prends actuellement n'est pas le meilleur moyen pour atteindre ton objectif ou pour réaliser ton souhait.
Il est probable qu'en rectifiant un choix, une approche ou une méthode, tu puisses transformer ce NON en un OUI.

N'oublie jamais qu'aucune énergie n'est figée. Rien n'est inéluctable.

Donne-toi le temps de découvrir les autres possibilités. Donne-toi le temps de modifier tes désirs, de changer ta vision de ce que tu veux pour toi ou de la manière d'y parvenir.
Une fois que tu auras cessé de te focaliser sur l'objet de ton désir frustré, tu en découvriras bien d'autres plus à même de t'enchanter. Ainsi que leurs OUI prêts à t'ouvrir les portes vers d'autres joies et d'autres bonheurs.

Ne reste donc pas bloqué sur un refus, une négation ou une déception, et surtout ne va pas te dévaloriser !

MOTS-CLÉS : non, il y a mieux pour toi, changement, autre voie.

SHADOW WORK • JOURNALING

Comment réagis-tu quand tu n'obtiens pas ce que tu espères ?

Que ressens-tu ?

Comment réagis-tu à la frustration ?

Que pourrais-tu mettre en place pour accepter que les choses ne se déroulent pas comme tu le souhaites ?

Peut-être · Tout n'est pas encore prêt

Le PEUT-ÊTRE indique que, dans l'équation de ta destinée, il existe encore beaucoup trop d'inconnues pour pouvoir tendre vers une énergie définie.

Cela arrive très souvent lorsque tu poses une question dont l'objet nécessite encore beaucoup de travail ou d'implication de ta part.

C'est aussi souvent le cas lorsque tu es un peu perdu sans savoir si ce que tu souhaites est vraiment fait pour toi.

Le PEUT-ÊTRE arrive dans ton tirage quand la réponse dépend aussi principalement de toi, mais que tu ne te sens pas encore totalement prêt pour agir ou te donner la possibilité de réaliser l'objet de ta question.

Et enfin, parfois l'indécision vient d'autres personnes qui ont encore besoin de temps avant de se décider.

Prends du temps pour toi afin de comprendre quels sont tes profonds désirs. Prends du temps pour te consacrer à ce qu'il te reste à faire dans tes projets.
Repose cette question quand ton projet sera un peu plus abouti et quand tu sauras sans aucun doute ce qui anime ton cœur.

MOTS-CLÉS : peut-être, tu n'es pas prêt, indécision, retard.

SHADOW WORK • JOURNALING

Comment réagis-tu face à l'inconnu ?

Quand tu as un objectif qui te semble difficile à atteindre, abandonnes-tu facilement ?

Parviens-tu à mesurer, en amont, l'effort et l'implication nécessaires pour atteindre un objectif ?

LE SOLEIL

43

Éclaircissement · Réussite · Vérité

La rune *Le Soleil* symbolise la lumière, la clarté, la vérité, la mise en lumière, le succès et les révélations.

Après le temps gris, l'heure du beau temps est annoncée. L'énergie du soleil réchauffe, sa lumière éclaire et révèle ce que l'on ne voyait pas à la seule lueur de la lune ou sous un ciel bas et opaque.
La période sombre s'efface pour laisser la place à la joie et à la bonne humeur.

Le Soleil annonce un renouveau positif, de l'éclaircissement et de la transparence dans les situations qui étaient jusqu'alors floues et opaques.

Le Soleil vient insuffler de la lucidité et de la clarté sur les événements actuels. Si ta question concerne une chose que tu ne comprends pas ou une information cachée, tu auras enfin une nouvelle perception de ce qui est en jeu et de ce qui se trame.

Une meilleure compréhension des événements t'est disponible.
Cela signifie que tu vas pouvoir accéder à une vérité et à une prise de conscience qui va bouleverser ta vision d'une personne ou de ton monde personnel.

Si tu es en quête d'une vérité, avant de la chercher par des questions ou par l'observation, prépare-toi à accepter sa nature, même si elle te déplaît.

Lors des conflits interpersonnels, *Le Soleil* ouvre la possibilité de s'expliquer afin de mieux comprendre les opinions de chacun. Reste ouvert aux vérités bien personnelles des autres, même si tu n'y adhères pas. Elles te permettent de comprendre le monde intérieur de ton interlocuteur afin de trouver un terrain d'entente.

Si tu n'avais jusqu'alors aucune solution à ta problématique, de nouvelles idées, de nouveaux avis et points de vues peuvent venir t'éclairer pour débloquer la situation.

Le Soleil réchauffe les relations où la distance et la froideur avaient pris trop de place. C'est donc le parfait moment pour créer de la proximité et de l'intimité dans tes relations.

Si l'objet de ton questionnement est lié à ta vie professionnelle, à tes projets personnels, *Le Soleil* t'encourage à continuer à t'investir pleinement, car la possibilité de succès est bien réelle.

Planète : Soleil | **Signe zodiacal** : Lion | **Élément** : Feu

MOTS-CLÉS : éclaircissement, clarification, être sous la lumière, chaleur, vérité, être visible, succès, notoriété, clarté.

Quelques ASSOCIATIONS
Tu peux utiliser l'oracle sans utiliser les associations de cartes. Toutefois, si tu as envie de t'essayer aux interprétations en associant 2 cartes de runes, voici quelques suggestions.

Le Soleil + La Lune = Réussite après une longue attente / Équilibre retrouvé.
Le Soleil + L'Envol = Excellentes nouvelles ! Une personne se libère.
Le Soleil + Les Anneaux = Une union ou une collaboration très prometteuse.
Le Soleil + La Romance = Une relation, un travail, un projet très épanouissant.
Le Soleil + L'Homme = Une personne charismatique / Un leader / Une audace, une persévérance qui porte ses fruits.
Le Soleil + Le Carrefour = On y voit enfin clair, on peut choisir une nouvelle voie !
Le Soleil + la Récolte = On reçoit bien plus que ce que l'on espérait (honneurs, succès).

Le Soleil + La Faux = Une fin espérée / Une fin très libératrice / Soulagement.
Le Soleil + L'Œil = Une très belle réussite / Une grande prise de conscience qui transforme en profondeur et positivement.

SHADOW WORK • JOURNALING

Que signifie « réussir » pour toi ?

As-tu peur de réussir ?

Qu'est-ce qui motive tes projets ?

As-tu peur de la vérité ou d'apprendre une vérité ? Si oui, pourquoi ?

Gestation · Transition · Attente

La rune *La Lune* symbolise le temps de gestation et de maturité qui se joue à l'abri des regards.

Tel l'enfant dans le ventre de sa mère qui a besoin de temps pour se former avant de naître, quelque chose se prépare à naître sans pouvoir le définir précisément.

Cette phase peut te sembler difficile à vivre et tes émotions peuvent jouer au yo-yo pendant cette période d'attente. Ne crains pas ces fluctuations émotionnelles.

Tu peux avoir l'impression que le temps se suspend ou qu'il s'écoule lentement. Pour toi, face à tes espérances, tu peux commencer à trouver le temps long.

Si tu attends une réponse, un document ou un résultat, il faudra s'armer de patience, car les processus et les décisions se font dans la lenteur.
Toutes les démarches demandent plus de temps.

Surtout, ne bouscule pas ce rythme nécessaire, car, à ce stade, rien n'est encore décidé, rien n'est vraiment défini. Prends ton mal en patience et ne précipite rien, au risque de contrarier une gestation indispensable au bon déroulement de ce qui t'est destiné.

Respecte le rythme d'évolution des autres personnes.
Chacun a son propre rythme de réflexion et de maturation.
Si tu attends des nouvelles d'une personne, autorise-la à vivre pleinement ses prises de conscience afin de savoir ce qu'elle veut.
Suite à un conflit relationnel, laisse à l'autre la possibilité de digérer vos mots échangés et de comprendre ses propres maux.

Il est aussi possible que ce soit toi qui aies besoin de temps avant de te remettre en mouvement vers une voie ou un choix.
Dans tous les cas, cette rune t'invite à respecter ton rythme même s'il se confronte à ta peur de perdre quelque chose si tu n'agis pas immédiatement.

Professionnellement, tu es invité à ne surtout pas brûler les étapes et à préparer correctement les bases et les fondations de ton projet.

Il est également possible que tu n'aies absolument aucune idée de ce qui va prochainement se manifester dans ta réalité, car cet événement se prépare dans le plus grand des secrets. Cette rune peut aussi indiquer que certaines informations te sont cachées.

Avec la rune *La Lune*, on peut entretenir une relation secrète et cachée ou exercer une activité secrètement.

Quoi qu'il en soit, ce temps de gestation est le signe d'un changement ou d'une métamorphose qui va s'amorcer dans ta vie.

Bien évidemment, la rune *La Lune* peut évoquer une grossesse.

Planète : Lune | **Signe zodiacal** : Cancer | **Élément** : Eau

MOTS-CLÉS : gestation, transition, doutes et incertitudes, mystères, secret et caché, retard, attente.

Quelques ASSOCIATIONS
Tu peux utiliser l'oracle sans utiliser les associations de cartes. Toutefois, si tu as envie de t'essayer aux interprétations en associant 2 cartes de runes, voici quelques suggestions.

La Lune + Le Soleil = Réussite après une longue attente / Équilibre retrouvé.

La Lune + L'Envol = La communication est rétablie après une attente sans nouvelle.
La Lune + Les Anneaux = Une union, une association, une collaboration ou un rendez-vous retardés.
La Lune + La Romance = Des sentiments, des liens qui se créent tout doucement et lentement.
La Lune + La Femme = Créativité, grossesse, enfanter (un projet, etc.).
La Lune + L'Homme = Frustration de ne pas pouvoir agir immédiatement / Frustration de ne pouvoir maîtriser une chose.
La Lune + Le Carrefour = Difficulté à débloquer la situation, un choix qui prend du temps. Indécision.
La Lune + la Récolte = Investissement à long terme. Récolte qui se fait attendre.
La Lune + Les Vagues = Une attente insupportable / difficile.
La Lune + La Faux = Une gestation avortée, l'impossibilité de prendre le temps de la réflexion, urgence.
La Lune + L'Œil = Un temps de réflexion important / On observe ou on convoite en cachette.

SHADOW WORK • JOURNALING

Quel rapport as-tu au temps ?

Que fais-tu de ton temps lorsque tu es en attente de quelque chose ?

Que ressens-tu quand tu es en attente de quelque chose ?

Comment pourrais-tu lâcher prise pour mieux vivre ce temps d'attente ?

L'ENVOL

45

Mouvement · Débloquer · Communiquer

La rune *L'Envol*, aussi appelée *Le Vol*, symbolise le mouvement de manière générale. Cette rune parle d'évolution, de communication, d'échanges, de bavardages, de courriers et de voyages.

L'Envol redonne du mouvement et de l'élan à toutes les situations stagnantes.

Si tu es dans une impasse, tu as la possibilité de trouver enfin des solutions pour débloquer ta situation.

Si tu es en attente de nouvelles donnant suite à une démarche, à un dossier ou encore à un projet, elles arrivent enfin !

En amour, tu reçois des nouvelles de l'autre.
Le dialogue est de nouveau possible. La parole se libère enfin.

Si tu te sens un peu perdu, indécis, coincé, tu vas avoir connaissance de nouvelles informations qui vont te permettre de te décider afin d'aller de l'avant.

Quelle que soit ta situation, il y a du mouvement et de l'évolution.

Cette rune évoque toutes les formes de communication (courrier, message, SMS, mail ou appel téléphonique) et les bavardages.
Selon ta situation actuelle, elle peut donc aussi parler de commérages, de ragots et de rumeurs. Il peut être important de rétablir la vérité sans aggraver la situation. Sans médisance et sans violence.

Avec *L'Envol*, tu peux t'attendre à ce qu'il y ait des événements ou des opportunités rapides. Tu es invité à suivre ce rythme, car ils peuvent être fugaces.

Cette rune de rapidité et parfois d'urgence t'invite à t'occuper des affaires urgentes que tu as mises de côté. Ne procrastine pas, ne reporte pas, ne repousse pas ce qui doit être réglé.

Avec cette rune, c'est aussi l'inattendu : une visite surprise, un voyage ou un déplacement imprévu, une déclaration impromptue, une information surprenante, une idée soudaine...

Cette rune évoque également la liberté et la légèreté. C'est l'heure de la libération par une nouvelle prise de conscience de ce qui t'empêchait d'avancer jusqu'alors. Il est temps de s'alléger du poids du passé, de se libérer de ses blessures, de prendre la vie avec plus de souplesse.

Planète : Mercure | **Signe zodiacal** : Gémeaux | **Élément** : Air

MOTS-CLÉS : déblocage des situations, mouvement, évolution, communication, déplacement, courriers et e-mails, messages, légèreté, libération.

Quelques ASSOCIATIONS

Tu peux utiliser l'oracle sans utiliser les associations de cartes. Toutefois, si tu as envie de t'essayer aux interprétations en associant 2 cartes de runes, voici quelques suggestions.

L'Envol + Le Soleil = Excellentes nouvelles ! Une personne se libère.
L'Envol + La Lune = La communication est rétablie après une attente sans nouvelle.
L'Envol + Les Anneaux = On se libère d'un engagement (surtout si la rune *La Faux* est également présente) / On signe un contrat / Une union, un engagement se formalisent. Confrontation relationnelle possible, attention aux mots.

L'Envol + La Romance = On se libère d'une relation (surtout si *La Faux* est également présente) / Réconciliation possible / Déblocage d'une situation qui tient à cœur.
L'Envol + La Femme = On exprime sa créativité, on « accouche », naissance.
L'Envol + L'Homme = On force les choses (attention).
L'Envol + Le Carrefour = On arrive enfin à se décider / Tout se débloque et redevient fluide.
L'Envol + Les Vagues = Attention aux disputes / mots blessants.
L'Envol + L'Étoile = Tout se débloque enfin ! Les choses commencent à avancer.
L'Envol + La Faux = On est stoppé net dans notre élan / On annonce la fin de quelque chose.

SHADOW WORK • JOURNALING

As-tu tendance à procrastiner ? Si oui, pour quelle(s) tâche(s) et pourquoi ?

Quelle(s) émotion(s) ressens-tu face à la tâche qui t'attend ? Selon toi, pourquoi repousses-tu au lendemain ce que tu devrais faire ? De quoi as-tu peur ?

Sais-tu créer du mouvement dans ta vie ? Sais-tu débloquer les situations ?

Si tu devais débloquer cette situation, que ferais-tu ?

LES ANNEAUX

46

Association · Union · Contrat

La rune *Les Anneaux* symbolise les unions, les associations tant personnelles que professionnelles. Lorsque cette rune apparaît, elle met l'accent sur la rencontre d'énergies différentes donnant naissance à un Nouveau Monde.

La rune *Les Anneaux* évoque la matérialisation de la rencontre entre des liens d'affinité ou, au contraire, des oppositions. On retrouve ces manifestations dans les unions, les associations, les engagements, les contrats, et également dans la confrontation d'énergies conflictuelles.

C'est donc une rune à l'énergie transformatrice puisque l'union ou la confrontation de 2 ou de plusieurs réalités laisse la place à la création d'une nouvelle réalité avec de nouveaux repères et un nouveau cadre de référence auxquels tu devras t'adapter.

Si tu te questionnes sur la dimension matérielle de ta vie, cette rune parle de contrats, d'accords commerciaux, de documents officiels. Quelque chose se concrétise et se formalise.

Si l'objet de ta question concerne le domaine sentimental, il y a une évolution positive d'une relation. Un nouveau stade de la relation peut débuter. On va de l'avant, les projets communs se concrétisent. On peut aussi s'installer ensemble, se fiancer ou encore se marier. La relation évolue positivement selon le stade actuel de cette relation.

Si ta question concerne le domaine professionnel ou un projet personnel, on peut signer un contrat d'embauche, s'engager dans un projet professionnel, officialiser des démarches administratives, recevoir un accord par rapport à une démarche faite. Dans le travail, elle parle d'associations et de collaborations.

Cette rune évoque aussi tout regroupement de personnes ayant des affinités ou des intérêts communs (réseau, communauté, etc.)

Si un ancien engagement te met à mal et ne contribue pas à ton bien-être, il est de ta responsabilité de savoir rompre cette promesse. Car l'engagement le plus important que tu te dois d'honorer est celui de ta guérison et de ton épanouissement.

Si tu es en conflit avec une personne, une institution, une entreprise, *Les Anneaux* t'invitent à prendre en compte le fait qu'une confrontation est envisageable. À toi de choisir la posture que tu veux tenir pendant ce rendez-vous selon le résultat souhaité. Tout est possible.

Cette rune peut également parler de compétition.

Et, enfin, cette rune vient t'interroger sur ta manière de t'engager vis-à-vis des autres, de tes projets et de toi-même.

Planète : Mercure | **Signe zodiacal** : Vierge | **Élément** : Terre

MOTS-CLÉS : associations, mariage, complémentarité, union, accords, officialisation, contrats, réconciliation, engagement, confrontation, compétition, communauté.

Quelques ASSOCIATIONS

Tu peux utiliser l'oracle sans utiliser les associations de cartes. Toutefois, si tu as envie de t'essayer aux interprétations en associant 2 cartes de runes, voici quelques suggestions.

Les Anneaux + Le Soleil = Une union ou une collaboration très prometteuse.
Les Anneaux + La Lune = Une union, une association, une collaboration ou un rendez-vous retardés.
Les Anneaux + L'Envol = On se libère d'un engagement (surtout si la rune *La Faux* est également présente) / On signe un contrat / Une union, un engagement de cœur se formalise. Confrontation relationnelle possible, attention aux mots.

Les Anneaux + La Romance = Réconciliation / Engagement de cœur / Union, mariage.

Les Anneaux + Le Carrefour = Propositions ou demandes d'engagement (professionnelles ou sentimentales).

Les Anneaux + Les Vagues = Une association ou une union bouleversante ou mal vécue.

Les Anneaux + L'Étoile = Une proposition, une opportunité tant espérée.

Les Anneaux + La Faux = Rupture sentimentale ou professionnelle.

SHADOW WORK • JOURNALING

As-tu peur de l'engagement ? Si oui, tu es invité à comprendre pourquoi.

Continues-tu à t'impliquer et à t'investir pour honorer tes engagements ?

Parviens-tu (ou es-tu prêt) à sortir de ta zone de confort en changeant tes habitudes pour rendre possible une vie à deux ?

Comment réagis-tu lors d'un conflit ? Parviens-tu à faire des compromis et à laisser la porte ouverte à un terrain d'entente ?

Pour un projet, es-tu prêt à bousculer tes habitudes et à sortir de ta zone de confort ?

LA ROMANCE

47

Amour · Sentiments · Attachement

La rune *La Romance* symbolise tous les liens de cœur et les attachements Il peut s'agir d'un lien amoureux, amical, familial ou encore d'un projet ou d'une profession de cœur.

La rune *La Romance* parle de toutes les formes d'amour. Notamment, l'amour pour son travail, l'amour pour un projet, l'amour familial, l'amitié, l'amour sentimental. La *Romance* symbolise la connexion profonde que l'on ressent pour un être ou une activité.

Si ta question concerne ta vie sentimentale, amicale ou familiale, cette carte est bien sûr très positive. Elle présage des liens solides.
En amour, les sentiments sont puissants et sincères.
Si tu es seul, une belle rencontre est possible.
Il y a de l'attraction physique, intellectuelle ou une connexion émotionnelle et affective forte avec la personne pour laquelle tu t'interroges.

Si tu es en conflit avec une personne qui t'est chère, tu es invité à centrer ton attention sur vos liens profonds plutôt que de nourrir ton besoin d'avoir raison ou ton besoin de justification.
Ne laisse pas ton ego gérer les hostilités au risque de les aggraver. Recentre-toi sur ton cœur.
Au fond, la raison de cette mésentente est-elle si importante ? À toi de t'en faire une idée.
La réconciliation est possible. Ouvre-toi à cette possibilité.

Si tu es dans une relation toxique, cette rune vient t'alerter sur ton manque d'objectivité. Ton cœur continue à trouver des excuses à une personne pour te maintenir dans une histoire qui ne te convient pas. Parfois, l'amour ne suffit pas !
L'amour sans respect n'est pas un modèle fait pour fonctionner.
Si tu y as cru (et si tu y crois encore, peut-être), l'autre ne pourra pas changer même si tu le couvres d'amour.
Dans les schémas dysfonctionnels toxiques, l'autre est toujours le moins bien placé pour éveiller les consciences.
Donc, tu ne changeras pas cette personne. Elle se nourrit de l'amour que tu lui offres, mais n'est pas en mesure de t'aimer tel que tu le souhaiterais.
Si tu ne parviens pas à accepter l'amour que l'on partage

avec toi, si tu ressens des blocages personnels dus à ton histoire, va en quête des raisons de ces blocages. Quelles sont les racines de tes peurs ? Quelles croyances nuisent à tes relations ?

Dans le travail, cette rune évoque une activité qui te met du baume au cœur.
Si ce n'est pas le cas, tu es vraiment invité à t'orienter vers une voie qui saura faire battre ton cœur, car la réussite d'un projet dépend réellement de ta dynamique émotionnelle.
Si elle est vertueuse, elle t'insufflera l'envie, encore et encore, de t'investir dans ce projet.
Sans cœur, tu risques de l'abandonner à la moindre difficulté et de te détourner de ce que tu as commencé.
Essaie de trouver ta petite porte intérieure qui laisse entrer un peu plus de passion et d'envie dans ce que tu entreprends.
Trouve ta motivation, celle qui te rendra fier d'avoir pu relever les défis qui se présentent à toi.

Si tu as un choix à faire, tu l'auras certainement compris, tu es invité à faire un choix de cœur. Laisse ta raison de côté, même si tu peux déjà envisager les différentes difficultés qui pourraient te bloquer. Il y a toujours des solutions, aussi va en quête de celles-ci et ne laisse pas tes peurs décider pour toi.

La Romance est aussi là pour te rappeler que tu n'es pas seul. Quoi que tu vives actuellement, de l'aide et du soutien sont disponibles. Il y a à tes côtés des êtres, pour lesquels tu ressens un lien fort, disposés à t'écouter. Tes guides sont là, eux aussi. Et ils sont encore plus présents quand tu te sens vulnérable. N'hésite pas à les solliciter pour te réconforter et te guider.

Et, enfin, la rune *La Romance* t'interroge sur ces liens invisibles que tu entretiens avec tes peurs et ta vulnérabilité. Attention aux addictions, aux obsessions et à l'obstination.

Planètes : Mars et Vénus | **Signes zodiacaux** : Bélier et Balance | **Éléments** : Feu et air

MOTS-CLÉS : liens de cœur, sentiments sincères, sentiments puissants, liens obsessionnels, attachement.

Quelques ASSOCIATIONS
Tu peux utiliser l'oracle sans utiliser les associations de cartes. Toutefois, si tu as envie de t'essayer aux interprétations en associant 2 cartes de runes, voici quelques suggestions.

La Romance + Le Soleil = Une relation, un travail, un projet très épanouissant.
La Romance + La Lune = Des sentiments, des liens sincères qui se créent tout doucement et lentement.
La Romance + L'Envol = On se libère d'une relation (surtout si la rune *La Faux* est également présente) / Réconciliation possible / Déblocage d'une situation qui tient à cœur.
La Romance + Les Anneaux = Réconciliation / Engagement de cœur / Union, mariage.
La Romance + La Femme = Romantisme / Contexte bienveillant et fortement maternel / Femme et relation sincère.
La Romance + L'Homme = Homme et relation sincère.

La Romance + Le Carrefour = Plusieurs conquêtes professionnelles ou sentimentales / Compétition. Il faut choisir.
La Romance + Les Vagues = Liens toxiques, travail toxique, relations toxiques / Activité spirituelle (surtout si la rune *L'Œil* est présente).
La Romance + L'Étoile = Projet, relation, travail prometteurs / Excellente entente relationnelle.
La Romance + La Faux = Un lien décevant ou impossible / Un amour ou une amitié avortés.
La Romance + L'Œil = Phase de séduction / Convoitise relationnelle / On convoite un poste, un projet.

SHADOW WORK • JOURNALING

Qu'aimes-tu dans la vie ?

Qu'est-ce qui parvient à toucher ton cœur dans tes relations ?

De manière générale, écoutes-tu plus ton cœur ou ta raison ?

Si c'est ta raison qui dicte la majorité de tes décisions, pourquoi as-tu peur d'écouter ton cœur ?

Dans ta situation, que ferais-tu ou quelle décision prendrais-tu si tu écoutais ton cœur ?

Réceptivité · Sensibilité · Maternelle

La rune *La Femme* symbolise toutes les qualités que l'on attribue traditionnellement à la dimension féminine de l'être. Quel que soit notre genre, nous portons tous intérieurement cette dualité et cette complémentarité féminine et masculine.

Cette rune représente également les femmes et tous celles et ceux qui se vivent au féminin. Mère, sœur, tante, grand-mère, etc.

Quelle que soit ta question, la réponse est dans une posture et une attitude liées à l'archétype féminin : la douceur, la patience, l'écoute, la compassion, la guérison, la réceptivité et la créativité.

Dans tes relations, prends le temps d'entendre et d'écouter ce que l'on a à te dire. Fais preuve de compréhension et de compassion.
Ta sensibilité est un atout majeur dans cette situation.
Ta douceur et ta bienveillance te permettront d'ouvrir le dialogue s'il a été rompu.
Néanmoins, cette posture ne doit pas t'empêcher d'être bien ancré en sachant faire respecter tes limites et tes besoins.

Ressens sincèrement ce que les autres éprouvent face à un événement, un contexte pour appréhender leur point de vue. Lorsque l'on parle avec son cœur, en général, celui de l'interlocuteur s'apaise et peut enfin relâcher les tensions pour s'ouvrir à un échange équitable.

Si l'objet de ta question concerne un projet professionnel, tu es invité à insuffler plus de sensibilité et de créativité dans tes projets pour les mener à bien.
Tu as certainement injecté énormément de réflexions pour maîtriser son devenir. Après t'être chargé de l'intelligible, aujourd'hui, tu peux lâcher la pression et créer un lien plus sensible avec ton projet.

Pacifie tes interactions avec les autres, pacifie tes projets, pacifie les conflits avec ta famille ou tes collègues. Ne jette pas de l'huile sur le feu.
Ouvre-toi à une autre compréhension où la vulnérabilité et les failles humaines sont respectées sans être jugées.

Ce n'est qu'en abandonnant les jugements et les tensions que l'harmonie pourra de nouveau reprendre ses droits.

Si tu as une décision à prendre ou un choix à faire, cette rune t'invite à ne pas te précipiter. Avant toute démarche amorçant un changement, tu as besoin de temps afin de ressentir au plus profond de toi ce que tu veux vraiment. Prends le temps de te chouchouter, de te retrouver, de panser tes anciennes blessures.
Si tu as déjà fait ce retour à toi avant de prendre ce tournant actuel dans ta vie, cette rune t'alerte, au contraire, sur ta procrastination qui n'est pas bénéfique à ton évolution et inadaptée à ta situation.

Si tu es en difficulté, tu peux trouver du réconfort et te ressourcer auprès des tiens. Un retour aux sources te sera très bénéfique.

Planète : Vénus | **Signe zodiacal** : Taureau | **Élément** : Terre

MOTS-CLÉS : réceptivité, sensibilité, introversion, maternelle, protectrice, nourricière.

Quelques ASSOCIATIONS
Tu peux utiliser l'oracle sans utiliser les associations de cartes. Toutefois, si tu as envie de t'essayer aux interprétations en associant 2 cartes de runes, voici quelques suggestions.

La Femme + Le Soleil = Une femme entreprenante, charismatique.
La Femme + La Lune = Créativité, grossesse, enfanter (un projet, etc.).

La Femme + L'Envol = On exprime sa créativité, on « accouche », naissance.
La Femme + Les Anneaux = Adaptabilité et diplomatie.
La Femme + La Romance = Une relation très douce et bienveillante. Manque d'esprit d'initiative. Idéalisme.
La Femme + L'Homme = Complémentarité. Bon équilibre.
La Femme + Le Carrefour = Blocage émotionnel.
La Femme + Les Vagues = Résilience.
La Femme + L'Œil = Hypersensibilité et très grande réceptivité.

SHADOW WORK • JOURNALING

Quelles qualités féminines penses-tu te caractériser ?

Es-tu plus dans l'action ou dans la réflexion ?

Sais-tu écouter les autres ?

Sais-tu t'écouter ?

Dans ta situation actuelle, penses-tu qu'être plus attentif aux autres pourrait être une approche positive ? Ou as-tu l'impression que l'on n'est pas assez attentif à toi ?

Si tu devais te poser 1 unique question pour débloquer ta situation, quelle serait-elle ? Et comment y répondrais-tu ?

L'HOMME

49

Courage · Volonté · Force

La rune *L'Homme* symbolise toutes les qualités que l'on attribue traditionnellement à la dimension masculine de l'être. Quel que soit notre genre, nous portons tous intérieurement cette dualité et cette complémentarité masculine et féminine.

L'Homme représente également les hommes et tous celles et ceux qui se vivent au masculin. Père, frère, grand-père, oncle, etc.

Quelle que soit ta question, la réponse est dans une posture et une attitude liées à l'archétype masculin : le courage, la persévérance, l'autorité, la protection, le pouvoir, l'ardeur, la motivation, la volonté, l'audace et l'intrépidité.

Si tu veux atteindre un objectif, faire de nouvelles rencontres, résoudre un problème, débloquer une situation, cette rune t'invite à prendre les choses en main de manière concrète, c'est-à-dire en passant par l'action.

La situation demande de la combativité et de la persévérance pour se dénouer. Avec cette rune, tu es invité à être le guerrier de ta destinée.
Rien ne pourra se réaliser si tu restes à attendre que les événements et les opportunités arrivent à toi, sans aucune implication de ta part.

Dans un conflit, elle t'invite à faire valoir tes droits et ton point de vue. Il ne s'agit pas de les imposer, mais de les exprimer clairement.

Si tes projets stagnent, tu es invité à affronter les obstacles avec force et courage !
Ta persévérance et ta pugnacité te permettront de redonner de l'élan à tes différentes affaires en cours.

Tu es invité à persévérer, mais pas à t'obstiner. La différence entre les deux réside dans ta capacité à évaluer de manière objective chaque étape et chaque évolution. Quand tu persévères, tu t'adaptes continuellement aux nouvelles règles du jeu.
Donc, tu essaies de nouvelles approches pour t'adapter au

mieux à la réalité de ce que tu vis.
Quand tu t'obstines, tu restes sur la même ligne de conduite sans te remettre en question et sans t'adapter aux nouvelles données et aux nouveaux états d'un contexte donné.

Si tu te sens perdu, ose essayer de nouvelles choses et fais preuve d'audace.
Dans ta situation, fais preuve d'initiatives !

Quoi que tu puisses vivre actuellement, cette rune t'indique que tu as la force intérieure pour faire face aux obstacles et aux problèmes. Aussi, ne te décourage pas.

Si tu aspires à vivre une nouvelle aventure professionnelle, à conquérir de nouveaux horizons et à embrasser de nouveaux projets, cette rune t'invite à répondre à cet élan.

Et, enfin, avec cette rune, tu seras peut-être amené à devoir protéger une personne ou une chose qui te tient à cœur.

Planète : Mars | **Signe zodiacal** : Bélier | **Élément** : Feu

MOTS-CLÉS : entreprenant, courageux, dominant, conquérant, combatif, persévérant.

Quelques ASSOCIATIONS
Tu peux utiliser l'oracle sans utiliser les associations de cartes. Toutefois, si tu as envie de t'essayer aux interprétations en associant 2 cartes de runes, voici quelques suggestions.

L'Homme + Le Soleil = Homme charismatique / Domination / Pouvoir.

L'Homme + La Lune = Frustration de ne pas pouvoir agir immédiatement / Frustration de ne pouvoir maîtriser une chose.
L'Homme + L'Envol = On force les choses (attention).
L'Homme + Les Anneaux = Demande d'association / Proposition de travail / Demande d'union.
L'Homme + La Femme = Complémentarité. Bon équilibre.
L'Homme + La Romance = Homme ou relation sincère.
L'Homme + La Récolte = L'audace et la persévérance paient.
L'Homme + Les Vagues = L'émotivité nuit à l'action.
L'Homme + L'Étoile = On se bat pour réaliser ses rêves.
L'Homme + L'Œil = Un homme qui convoite une personne, un projet, un poste / Une force intérieure insufflée par une prise de conscience / Homme ambitieux.

SHADOW WORK • JOURNALING

Quelles qualités masculines penses-tu te caractériser ?

Es-tu plus dans l'action ou dans la réflexion ?

Sais-tu faire preuve d'initiative ? Si la réponse est « non », pourquoi ? De quoi as-tu peur ?

Penses-tu être une personne persévérante et combative ? Si la réponse est « non », pourquoi ?

Que pourrais-tu entreprendre pour atteindre ton objectif ou améliorer la situation ?

LA RÉCOLTE

50

Croissance · Récompense · Abondance

Tu es dans une phase de croissance et de récompense de tout le travail que tu as accompli. L'abondance offerte par la récolte n'est pas un cadeau soudain sans investissement préalable. La récolte est la manifestation concrète et palpable de toute l'énergie que tu as dépensée pour atteindre un objectif.

La Récolte est là pour te récompenser de ton investissement et du cœur que tu as mis à l'ouvrage. Les efforts fournis ne sont pas vains, loin de là !

Si tu travailles sur toi, tu vas commencer à sortir d'une phase sombre pour aller vers la lumière. Tu as passé des phases de transition peut-être douloureuses, car les transformations intérieures demandent souvent de laisser s'éteindre des facettes de soi pour laisser la place à de nouvelles potentialités plus éveillées et plus conscientes. Il y a toujours une forme de déséquilibre émotionnel lors de cette transformation intérieure qui peut être inconfortable. La récolte est là pour te soutenir et t'inviter à ne pas désespérer, car un nouvel équilibre prend ses racines doucement dans ta vie.

Sois très attentif à ce qui se passe dans ta vie, car l'abondance arrive parfois sous une forme que tu n'attends pas. Aussi, si l'on te fait une offre qui ne répond pas à tes attentes du moment, penses-y à deux fois avant de refuser.

Les projets prennent plus d'ampleur, tu reçois de bonnes nouvelles, tu as des invitations, on te fait des propositions professionnelles, tu fais une nouvelle rencontre, tu reçois de l'aide.
Dans une relation, cette rune prédispose à une plénitude bien méritée.

Malgré la réussite que sous-tend cette rune, il est important de continuer sur ta lancée, surtout ne te repose pas sur tes lauriers, car *La Récolte* est bien la récompense de tes actions, de ta posture, de ton investissement et d'un travail continu.

Cette rune évoque également le principe de causalité, selon lequel on récolte ce que l'on sème. Dans une situation qui t'est spécifique, tu es l'unique personne à savoir ce que tu as semé et, donc, à connaître ce que tu es susceptible d'en récolter.

Planète : Jupiter | **Signe zodiacal** : Sagittaire | **Élément** : Feu

MOTS-CLÉS : accomplissement, récompenses du travail, abondance, fruits de ce que l'on a semé.

Quelques ASSOCIATIONS
Tu peux utiliser l'oracle sans utiliser les associations de cartes. Toutefois, si tu as envie de t'essayer aux interprétations en associant 2 cartes de runes, voici quelques suggestions.

La Récolte + Le Soleil = On reçoit bien plus que ce que l'on espérait (honneurs, succès).
La Récolte + La Lune = Investissement à long terme. Récolte qui se fait attendre.
La Récolte + L'Envol = On reçoit de l'argent.
La Récolte + Les Anneaux = Une association fertile, un contrat fructueux.
La Récolte + La Femme = Femme d'affaires / Métier créatif ou de service féconds.
La Récolte + L'Homme = L'audace et la persévérance paient / Homme d'affaires.
La Récolte + Le Carrefour = L'aspect financier ou matériel bloque un choix / Il faudra revoir certains aspects du projet pour que l'investissement soit plus efficace.
La Récolte + Les Vagues = Récolte insatisfaisante.
La Récolte + L'Étoile = Les efforts seront bientôt récompensés.
La Récolte + La Faux = Vol, pertes.
La Récolte + L'Œil = Mission de vie.

SHADOW WORK • JOURNALING

Es-tu satisfait de ce que tu récoltes dans cette situation ou dans ta vie ?

Penses-tu que ce que tu reçois est à la hauteur de ton investissement ?

De manière générale, penses-tu mériter plus que ce que tu reçois ? Si la réponse est « oui », pourquoi ?

As-tu peur de recevoir ? Si oui, pourquoi ?

Blocage · Obstacle · Direction

Si tu ressens des blocages actuellement, la rune *Le Carrefour* te murmure que de nouvelles possibilités entrent dans ta vie et qu'il sera nécessaire de choisir une nouvelle direction afin de t'extraire de tes habitudes limitantes et de ta zone de confort.

Si tu ressens des blocages frustrants dans tes projets et ta vie personnelle, cette rune t'invite à envisager des chemins détournés pour arriver là où tu as envie d'être. Change de stratégie, envisage une autre façon de faire, modifie ton attitude ou ta façon d'envisager l'avenir.

Si ce nouveau champ des possibles dérange tes plans, ne les rejette pas sans avoir préalablement observé ses possibilités. Parfois, derrière l'imprévu se cachent des solutions que tu n'avais pas envisagées.

L'*Univers* t'offre la possibilité d'expérimenter d'autres interactions, d'autres méthodes, d'autres projets ou d'autres rencontres.
C'est une invitation pour ton âme à continuer à s'éveiller et à s'élever.
À toi de voir ce que tu veux.
Vas-tu oser cette nouvelle aventure ou vas-tu préférer rester dans un cadre de référence que tu connais ?

Aussi, quel que soit ton choix, fais en sorte que ta décision fasse battre ton cœur et vibrer ton âme.

Si tu traverses une période compliquée, la rune *Le Carrefour* apparaît pour t'inviter à sortir de ton brouillard émotionnel, car il t'empêche de percevoir toutes les possibilités qui s'offrent à toi pour t'extraire de ta situation actuelle.

Si, depuis un certain temps déjà, tu dois prendre une décision importante sans être en mesure de te décider, la rune *Le Carrefour* est un signal fort pour t'indiquer qu'il est grand temps de sauter le pas. C'est le parfait moment pour transformer ta vie même si cela t'effraie. Tant que tu n'auras pas choisi, tu resteras dans une vibration de stagnation qui deviendra de plus en plus difficile à supporter.

En amour, cette rune prédit des incompréhensions et des conflits susceptibles de ternir une relation. Il est important d'envisager un mode de fonctionnement différent, de revoir vos attentes, votre mode de communication et votre attitude afin de donner une chance à cette relation et d'éviter les dialogues de sourds et peu constructifs.

Cette rune t'encourage à trouver d'autres solutions, à emprunter d'autres chemins, à utiliser d'autres méthodes pour dissoudre toutes énergies bloquantes. C'est une manière de te faire comprendre que tu dois réajuster ta perception, ton attitude pour sortir de toute forme de stagnation.

Tu peux utiliser un pendule pour en apprendre plus sur la nature de ce qui t'attend. Place le pendule au centre de la carte et regarde vers quelle direction le pendule se balance.

Planète : Saturne | **Signe zodiacal** : Capricorne | **Élément** : Terre

MOTS-CLÉS : blocages, obstacles, nouvelle direction, possibilités, nouvelle rencontre, nouveaux projets, décision à prendre, changement de direction.

Quelques ASSOCIATIONS

Tu peux utiliser l'oracle sans utiliser les associations de cartes. Toutefois, si tu as envie de t'essayer aux interprétations en associant 2 cartes de runes, voici quelques suggestions.

Le Carrefour + Le Soleil = On y voit enfin clair, on peut choisir consciemment une nouvelle voie ! Choix éclairé.
Le Carrefour + La Lune = Difficulté à débloquer la situation, un choix doit être fait rapidement. Indécision.
Le Carrefour + L'Envol = On arrive enfin à se décider /

Tout se débloque et redevient fluide.
Le Carrefour + Les Anneaux = Propositions ou demandes d'engagement (professionnelles ou sentimentales).
Le Carrefour + La Romance = Plusieurs conquêtes professionnelles ou sentimentales / Compétition. Il faut choisir.
Le Carrefour + La Femme = Blocage émotionnel.
Le Carrefour + L'Homme = Un choix est imposé.
Le Carrefour + La Récolte = L'aspect financier ou matériel bloque un choix / Il faudra revoir certains aspects du projet pour que l'investissement soit plus efficace.
Le Carrefour + Les Vagues = Les émotions ou les sentiments rendent les prises de décision difficiles.
Le Carrefour + La Faux = La vie décide pour soi avant d'avoir eu le temps de prendre une décision / Une opportunité n'existe plus.

SHADOW WORK • JOURNALING

As-tu peur de t'engager dans une voie ?

Qui ou que protèges-tu lorsque tu es indécis ?

Qu'as-tu peur de perdre ? Et pourquoi ?

Comment réagis-tu face aux obstacles ?

Comment pourrais-tu faire preuve de plus de souplesse d'esprit pour t'adapter à l'évolution de cette situation ?

Bonne étoile · Être guidé · Protection

La rune *L'Étoile* est ta bonne étoile qui te protège et te guide. Si tu es actuellement dans une phase éprouvante et épuisante de ton existence, *L'Étoile* est une invitation à ne pas désespérer, car une nette amélioration se prépare.

Elle t'indique aussi que tu peux t'élancer vers de nouveaux horizons sans crainte, car tu es protégé. La voie que tu souhaites explorer te permettra de rebondir vers de nouvelles possibilités.

Si tu viens de faire une rencontre sincère, ou si ta question concerne une personne qui t'est chère, tu peux ouvrir ton cœur et t'abandonner sans crainte. Néanmoins, cette carte t'invite aussi à faire preuve de plus de réalisme dans tes relations si tu as tendance à les idéaliser même si tu as l'impression d'être sur un petit nuage.

Si tu es en conflit avec une personne chère, ose le dialogue et exprime ce que tu as sur le cœur avec la plus grande simplicité et la plus grande authenticité.

Si tu as un choix délicat à faire, sache que tu peux y aller. Les débuts seront peut-être difficiles, néanmoins tu as les ressources et la force pour y remédier.

Quoi que tu puisses choisir et expérimenter, tu sauras en tirer un riche enseignement qui te sera utile pour les étapes suivantes. Si tes attentes sont déçues, tu sauras t'adapter, tu trouveras du soutien et les ressources nécessaires pour trouver la voie qui te correspond le mieux. Toutes les tempêtes traversées t'amèneront là où tu veux aller. Même si tu ne le perçois pas, elles ont leur utilité. Aussi, fais confiance à ta bonne étoile et fais-toi confiance.

N'abandonne pas tes rêves et, avec foi et conviction, continue à les construire, quoi qu'il advienne et quoi que l'on puisse te dire. Ta foi en toi est ta plus grande force.

Pendant cette période, sois attentif aux signes et aux synchronicités, car l'*Univers* en jalonne sur ton chemin pour t'éclairer et te soutenir.
Les signes peuvent se manifester sous la forme d'une

rencontre, d'une invitation, d'un animal guide, des heures miroirs, d'une musique, d'une parole, d'un livre ou de toutes autres manifestations subtiles qui attireraient ton attention. Ta bonne étoile te guide, t'aide à éviter les obstacles et à comprendre les enjeux des événements. Sois vraiment attentif à ton intuition.

Fixe ton attention sur les dimensions agréables de ton quotidien. Si tu ne cesses de fixer ton attention sur les aspects déplaisants, tu ne seras pas en mesure de reconnaître la chance qui te sourit. Tu pourrais même juger négativement le moindre signe par peur de la vie en général : voir des intentions malveillantes là où il existe une offre d'aide désintéressée, du danger là où la prise de risque est une solution aux difficultés que tu rencontres.
Bien sûr, sois prudent, mais méfie-toi de tes pensées et de tes jugements trop manichéens et trop contrastés.

Planète : Uranus | **Signe zodiacal** : Verseau | **Élément** : Air

MOTS-CLÉS : chance, protection, les guides, la bonne étoile, l'espoir.

Quelques ASSOCIATIONS
Tu peux utiliser l'oracle sans utiliser les associations de cartes. Toutefois, si tu as envie de t'essayer aux interprétations en associant 2 cartes de runes, voici quelques suggestions.

L'Étoile + Le Soleil = Grand espoir de réussite.
L'Étoile + La Lune = On espère une grossesse / Mettre en place un projet personnel.
L'Étoile + L'Envol = On espère se libérer d'un fardeau.

L'Étoile + Les Anneaux = On espère un engagement, une union, un mariage / On est guidé vers les bonnes personnes.
L'Étoile + La Romance = On espère un amour ou une amitié / Amour ou amitié idéalisés.
L'Étoile + La Femme = Très grande intuition pour se sortir d'une situation difficile.
L'Étoile + L'Homme = On persévère parce que l'on a foi en son projet.
L'Étoile + La Récolte = Les efforts seront bientôt récompensés.
L'Étoile + Les Vagues = On oscille entre espoir et désespoir.
L'Étoile + La Faux = Espoirs déçus.
L'Étoile + L'Œil = On est fortement soutenu par l'*Univers.*

SHADOW WORK • JOURNALING

Crois-tu en ta bonne étoile ?

Reconnais-tu ta chance ?

Es-tu reconnaissant envers la vie ?

Es-tu à l'écoute des signes qui jalonnent ton chemin ?

Tempête émotionnelle · Illusion · Intensité

La rune *Les Vagues* représente l'eau en mouvement. L'eau représente les émotions, les sentiments, l'imagination, l'inconscient et la spiritualité.

Avec *Les Vagues*, ça tangue, ça remue, ça secoue et parfois ça chavire. Entre raz-de-marée, tsunami et lame de fond, ton monde émotionnel est puissant et intense… mais également difficilement maîtrisable. Tu te sens submergé.

Cette rune annonce un état émotionnel souvent difficile. Il est probable que tu ne parviennes plus très bien à comprendre ce qui t'anime et ce que tu veux face à ce brouhaha intérieur. Tu es submergé par ton monde intérieur.

Ce n'est pas le moment de prendre des décisions, car ton esprit est embrouillé.
Ce n'est pas non plus le moment idéal pour agir, car tes actions seront basées sur des croyances illusoires et éphémères induites par des émotions puissantes.
Tes motivations actuelles s'érigent sur des marécages.
Lorsque la tempête sera passée, tes motivations auront changé.

Les émotions « négatives » sont une fabrique incroyable de pensées parasites et tout aussi néfastes. Et dans ce flot de pensées, une partie s'avère être faussée par ton manque d'objectivité et ton implication émotionnelle. Il est très facile de se raconter des histoires « catastrophes » lorsque l'on est dans cet état émotionnel.

Aussi, cette rune t'invite à revenir à toi pour être à l'écoute de tes émotions afin de comprendre leurs racines. Il est important que tu sois à l'écoute de ton monde intérieur pour identifier chacune de tes émotions face aux événements et comprendre leur raison d'être.
Identifie clairement ce qui a pu susciter cet état chez toi.
Ce n'est qu'en effectuant ce travail sur toi que tu pourras identifier ce qui est faux de ce qui est vrai dans les histoires que tu te racontes.

Si ta question concerne un projet personnel, professionnel ou sentimental compliqué et/ou conflictuel, pour le moment, tu es invité à prendre du recul le temps que la tempête s'éloigne. Un temps d'éloignement et de solitude nécessaire te sera bénéfique pour remettre ton cœur et ton esprit au clair.

Il ne s'agit pas de renoncer à tes projets ou à un amour même si tu imagines que c'est la meilleure solution possible. Encore une fois, tu dois ancrer tout ton être avant de trancher. Pour le moment, tu n'es pas en mesure de savoir ce qui est le mieux.
Patience, dans quelque temps, tu sauras ce qui te tient profondément à cœur et ce qui est bon ou toxique pour toi.

Si l'objet de ta question concerne une relation existante ou à venir, cette rune annonce des sentiments et des émotions très puissants et peu contrôlables. Attention, néanmoins, à ne pas te perdre dans une passion. Chaque chose trouve toujours son harmonie dans l'équilibre.
Si ta question est relative à un projet créatif ou artistique, cette rune est très positive, car elle parle d'une grande force d'inspiration et d'une imagination prolifique.

Si l'objet de ta question est d'ordre spirituel, *Les Vagues* t'indiquent que tu es tout particulièrement connecté à ta spiritualité actuellement et t'invite à continuer sur cette voie d'élévation et d'éveil même si cette démarche chamboule fort parfois.

Planète : Neptune | **Signe zodiacal** : Poissons | **Élément** : Eau

MOTS-CLÉS : émotions fortes, tempête émotionnelle, illusions.

Quelques ASSOCIATIONS

Tu peux utiliser l'oracle sans utiliser les associations de cartes. Toutefois, si tu as envie de t'essayer aux interprétations en associant 2 cartes de runes, voici quelques suggestions.

Les Vagues + La Lune = Une attente insupportable, difficile.
Les Vagues + L'Envol = Attention aux disputes et aux mots blessants.
Les Vagues + Les Anneaux = Union, association. passionnelles / Perturbations émotionnelles dans les unions et les engagements / Conflits et querelles.
Les Vagues + La Romance = Passion / Liens toxiques.
Les Vagues + La Femme = Résilience.
Les Vagues + L'Homme = L'émotivité empêche d'agir.
Les Vagues + La Récolte = Récolte insatisfaisante.
Les Vagues + Le Carrefour = Les émotions ou les sentiments rendent les prises de décision difficiles.
Les Vagues + L'Étoile = On oscille entre espoir et désespoir.
Les Vagues + La Faux = État dépressif / Rupture mal vécue.
Les Vagues + L'Œil = Médiumnité / Hyperintuitivité.

SHADOW WORK • JOURNALING

Que ressens-tu quand tu es en pleine tempête ?

Quels événements ou situations te mettent dans un tel état émotionnel ?

Comment fais-tu quand ton monde émotionnel est trop envahissant ?

Comment pourrais-tu canaliser tes émotions ?

Fin & début · Soudain · Rupture

La rune *La Faux* symbolise les événements transformateurs soudains et inattendus.
La Faux coupe et rafle ce qui n'est plus utile dans notre vie. Elle coupe les mauvaises herbes, nettoie la terre de ses folles pousses toxiques ou vaines.

La Faux signe la fin d'une chose, car son état d'être n'est plus bénéfique pour toi.
Tu dois pouvoir construire quelque chose de nouveau plus en adéquation avec les aspirations de ton âme. Il s'agit d'un

moment difficile nécessaire pour retrouver la joie et l'énergie de vie que tu as perdues.

Lorsque cette rune apparaît, elle te prévient d'un risque : une voie ou un choix peut te décevoir. Elle est une sirène d'alarme t'invitant à prendre un détour, à t'aventurer sur un autre chemin, ou encore à envisager la situation de manière globalement différente.

En relationnel, elle t'invite à couper les liens toxiques ou trop peu bienveillants.
Dans une relation, elle peut prendre la forme d'un ultimatum ou d'une séparation.

Professionnellement, elle te murmure de changer de stratégie, de comportement ou d'attitude au risque d'avorter ton projet ou de créer des complications et des blocages importants.
Elle peut être le signe d'une perte d'emploi ou de la fin d'un projet.

En général, cette rune encourage à urgemment changer quelque chose, revoir les fondations, se remettre en question, se positionner une bonne fois pour toutes.
Un choix important doit être fait. Une décision transformatrice est nécessaire.

C'est la fin d'une réalité pour entrer dans une nouvelle réalité. Cette rune évoque la fin de l'état actuel d'une chose, d'une relation, d'un projet. Une fin qui va te pousser vers l'avant, t'extraire du déni, des prisons intérieures et des illusions.

Si tu vis douloureusement ce changement radical, si tu le vis comme une punition, en réalité, il n'en est rien ! C'est un cadeau de la vie. L'*Univers* t'offre la possibilité de recommencer sur de nouvelles bases que tu vas construire à partir de tes prises de conscience.

Sois rassuré, si c'est la fin d'une relation, c'est pour pouvoir t'ouvrir à une autre personne qui doit entrer dans ta vie. Avant cela, bien évidemment, tu auras le temps d'apprendre de ton histoire et de soigner tes blessures.
Une histoire d'amour est là pour apprendre de soi, évoluer vers une nouvelle version de soi-même et être fin prêt pour la prochaine rencontre.

Si c'est ton travail que tu perds, il est certainement temps pour toi de te demander ce que tu aimerais vraiment faire. Que veux-tu exprimer ? Comment et à quoi veux-tu être utile ? N'y a-t-il pas un projet personnel que tu as abandonné dans un tiroir, ou dans un coin de ta tête et que tu pourrais faire exister ?
En nettoyant ta vie d'une partie de tes repères et de tes habitudes, la vie offre à ton âme la chance de s'exprimer. Autorise-toi enfin à construire ton bonheur.

Planète : Pluton | **Signe zodiacal** : Scorpion | **Élément** : Eau

MOTS-CLÉS : événement soudain, rupture, fin, coupure, ultimatum.

Quelques ASSOCIATIONS
Tu peux utiliser l'oracle sans utiliser les associations de cartes. Toutefois, si tu as envie de t'essayer aux interprétations en associant 2 cartes de runes, voici quelques suggestions.

La Faux + Le Soleil = Une fin espérée / Une fin libératrice / Soulagement / Fin d'une période facile.
La Faux + La Lune = Une gestation avortée, l'impossibilité de prendre le temps de la réflexion, urgence.
La Faux + L'Envol = On est stoppé net dans notre élan / On annonce la fin de quelque chose.
La Faux + Les Anneaux = Rupture sentimentale ou professionnelle.
La Faux + La Romance = Un lien décevant ou impossible / Un amour ou une amitié avortés.
La Faux + La Récolte = Vol, pertes.
La Faux + Le Carrefour = La vie décide pour soi avant d'avoir eu le temps de prendre une décision / Une opportunité n'existe plus.
La Faux + L'Étoile = Espoirs déçus.
La Faux + Les Vagues = État dépressif / Rupture mal vécue.

SHADOW WORK • JOURNALING

As-tu peur de l'impermanence de toute chose ?

As-tu peur de la fin d'une chose ?

Si tu prends le temps de réfléchir à ces peurs, de quoi as-tu vraiment peur : de recommencer, d'être abandonné, de perdre un certain confort, de changer tes habitudes, ou d'autre(s) chose(s) ?

Si tu devais changer tous tes repères et tout recommencer, quel rêve aimerais-tu pouvoir réaliser ? Comment verrais-tu ta vie ?

Éveil · Conscience · Protection · Voir

La rune *L'Œil* est très puissante. L'œil est l'organe de la vue, donc il est associé à la vision extérieure et intérieure, à la perception du monde et à la vue physique. Cette rune est associée à la clairvoyance, à la connaissance, à l'éveil, à la conscience et à la vigilance.

C'est également l'œil divin omniscient qui voit tout et qui sait tout. Tu peux le considérer comme ce *Grand Tout* qui te connaît mieux que toi-même et qui, sans jugement aucun, veille sur toi. C'est pourquoi son message a toujours pour fonction de te protéger de toi-même et des autres.

Ainsi, avec cette rune, tu peux avoir connaissance d'informations que tu ignorais. C'est la levée du voile, une vérité révélée ou, encore, une prise de conscience qui bouleversent la perception actuelle que tu as d'une personne, d'un projet, d'une relation, d'une affaire ou d'un événement.

Si cet éveil profond peut parfois être difficile, ce n'est pas toujours le cas, sois rassuré, bientôt, tu comprendras ô combien il t'est libérateur, car, finalement, tu aurais été bien plus malheureux en restant dans un état ou un contexte qui ne t'aurait pas permis de t'épanouir pleinement.

Quand cette rune apparaît, elle peut avoir de nombreuses significations selon l'objet et le contexte de ta question.

Cette rune évoque aussi le regard que l'on tourne vers l'intérieur pour mieux se comprendre. Si tu es dans une démarche de connaissance de soi, cette rune te soutient en facilitant ce processus interne d'éveil à soi-même.

Si ce n'est pas le cas, elle t'invite vivement à commencer cette démarche qui te permettra de découvrir les origines de tes blocages afin d'y remédier.

Si tu t'interroges sur un projet professionnel, à l'image de l'archer qui focalise son œil dominant sur sa cible, elle t'invite à garder pleinement toute ton attention sur ton objectif. Il s'agit d'une invitation à y croire tout en maintenant ses efforts de manière soutenue, car ton travail est très prometteur.

Si l'objet de ta question est lié à une personne, cette rune t'indique que cette dernière est en phase d'observation.

Dans le cadre d'un nouvel emploi, tes collègues et tes supérieurs t'observent, car ils attendent de toi que tu fasses tes preuves.
Dans le cadre d'une relation, l'autre est en phase de découverte, il essaie de mieux te connaître, de savoir qui tu es, d'apprendre de toi au travers de ton attitude et de vos échanges. Cette personne est en phase d'observation.

Suite à un conflit relationnel, cette rune évoque le regard que l'on tourne vers la relation. En somme, on s'interroge sur la qualité, la fiabilité, les failles, les forces et l'amour qui nourrissent cette relation. Cette rune met l'accent sur la nécessité de réadapter le mode de fonctionnement entre deux personnes.

L'Œil évoque aussi ce que l'on regarde, ce que l'on observe et ce que l'on convoite. Cette rune invite à respecter l'intimité des autres pour ne pas dépasser les limites du convenable lorsque notre attention se fixe sur une personne. Attention de ne pas dépasser ces limites. Les dépasser pourrait être interprété comme de l'espionnage ou du voyeurisme.

Cette rune évoque aussi les dons psychiques et tout ce que l'on convoite.

Planète : L'Univers | **Signe zodiacal** : Tous | **Élément** : Tous

MOTS-CLÉS : éveil, conscience, vérité, observation, introspection, évaluation, convoitise.

Quelques ASSOCIATIONS
Tu peux utiliser l'oracle sans utiliser les associations de cartes. Toutefois, si tu as envie de t'essayer aux interprétations en associant 2 cartes de runes, voici quelques suggestions.

L'Œil + Le Soleil = Une très belle réussite / Une très grande prise de conscience qui transforme en profondeur / Révélations.
L'Œil + La Lune = Un temps de réflexion important / On observe ou on convoite en cachette.
L'Œil + L'Envol = On reçoit beaucoup de signes pour nous guider / Synchronicités.
L'Œil + Les Anneaux = Observation et réflexion avant une collaboration ou une union.
L'Œil + La Romance = Phase de séduction.
L'Œil + La Récolte = Une phase de réflexion et d'observation qui va porter ses fruits (quête d'informations, etc.)
L'Œil + Le Carrefour = un réajustement du chemin de vie.
L'Œil + Les Vagues = Une spiritualité importante / Conscience supérieure.
L'Œil + La Femme = Hypersensibilité et réceptivité.
L'Œil + L'Homme = Un homme qui convoite une personne, un projet, un poste / Une force intérieure insufflée par une prise de conscience / Homme ambitieux.

SHADOW WORK • JOURNALING

Te considères-tu comme une personne éveillée, consciente de qui elle est ?

T'observes-tu souvent ?

Parviens-tu à « t'objectiver », c'est-à-dire à prendre du recul sur tes comportements afin de prendre le temps de les comprendre ?

Qu'observes-tu, que convoites-tu en ce moment dans ta vie ? Pourquoi ?

Cher lecteur,
Merci à toi qui me découvres peut-être.
Merci à toi qui me fais confiance
depuis déjà une décennie ou moins.
Je vous souhaite tout le bonheur du monde.

Eve

À propos de l'autrice

Eve Korrigan est une Magick Witch formée en psychologie et diplômée des Beaux-Arts de Paris, autrice, artiste et créatrice spécialiste des oracles et du tarot.

Elle se passionne tôt pour l'ésotérisme, la philosophie, la psychologie et la métaphysique afin de comprendre les expériences auxquelles elle est confrontée. Après avoir exercé en tant que directrice de création en agence parisienne, Eve met ses compétences et ses capacités spirituelles au service des autres, notamment en tant que tarologue. En 2015, elle crée *Graine d'Eden,* premier site français dédié aux oracles et au tarot, avec la volonté de les démocratiser et d'aider les autres à surmonter leurs difficultés personnelles. Étant l'une des pionnières en France de l'utilisation contemporaine des cartes divinatoires, elle rassemble une communauté conséquente sur Facebook autour de messages d'éveil et de développement personnel, des premières guidances interactives et d'événements participatifs et introspectifs qu'elle propose avec les oracles et le tarot. Ses abonnés se passionnent alors pour son approche qui modernise l'image de la cartomancie. Ses guidances avec choix de cartes ou de symboles, ses quiz spirituels et ses gifs à messages sont si populaires que ces méthodes sont devenues légion sur les réseaux sociaux.

Aujourd'hui, Eve continue à partager son expérience de la cartomancie, de la magie et de la divination comme outils d'exploration de soi afin d'aider les autres à révéler leur magie intérieure et leur permettre de s'éveiller à leur plein potentiel.

evekorrigan graineden evekorrigan
Graine d'Eden www.grainededen.com

LES AUTRES ORACLES D'EVE KORRIGAN

Eve Korrigan est la créatrice de plusieurs oracles : *Le petit Oracle de Merlin l'Enchanteur, Le petit Oracle du Druide, Le petit Oracle Grimoire de Magie, Le petit Oracle de la Création* et *Le petit Oracle Victorien* édités aux *Éditions Contre-Dires.* Ses oracles, empreints de magie, sont des guides précieux pour réveiller sa magie intérieure, trouver du sens aux événements et pour (re)devenir créateur de sa vie.

LE PETIT ORACLE DE MERLIN L'ENCHANTEUR

Laisse-toi guider par la magie, la sagesse et l'enseignement de Merlin avec cet oracle de 78 cartes.

LE PETIT ORACLE DU DRUIDE

58 cartes pour t'inspirer de la magie du monde naturel afin de te guider et de renforcer ton pouvoir personnel.

LE PETIT ORACLE GRIMOIRE DE MAGIE

Laisse-toi guider pas à pas pour réaliser tes rituels magiques avec ces 61 cartes-grimoires ou utilise-les comme mantras.

LE PETIT ORACLE DE LA CRÉATION

Ces 60 cartes t'aideront à ajuster tes intentions et tes actions afin de créer des événements fidèles à tes souhaits.

LE PETIT ORACLE VICTORIEN

Les 50 cartes illustrées de cet oracle de guidance et divinatoire te feront voyager à l'époque victorienne.

LES ORACLES
Korrigan

Ce que tu vois
en l'autre
EXISTE EN TOI
&
Ce que tu es
SE PROJETTE
à l'extérieur de
TOI
3

RUNE

LE CARREFOUR

RUNE

LA RÉCOLTE

semer & récolter

RUNE
L'HOMME
volonté
FORCE
49

RUNE
LA FEMME
RÉCEPTIVITÉ
48

RUNE

LA ROMANCE

je l'aime un peu, beaucoup, passionnément

AVEC LE CŒUR

RUNE
LES ANNEAUX
UNION
ASSOCIATION
46

RUNE
LA LUNE
GESTATION
44

DERNIER CROISSANT

JOUR 25

Lâcher prise

confiance, penser à soi

DERNIER QUARTIER

JOUR 21

Se libérer

trier, laisser s'en aller

GIBBEUSE DÉCROISSANTE

JOUR 18

Bilan

solution, conclure

PLEINE LUNE

JOUR 13-15

Accueillir

amplifier, canaliser

GIBBEUSE CROISSANTE

JOUR 11

Perfectionner

améliorer, patienter

RUNE
L'ŒIL
OBSERVER
ÉVEIL
CONSCIENCE
55

Ombre & lumière

Connaissance et acceptation de soi

12

RUNE

LE SOLEIL

ÉCLAIRCISSEMENT

SUCCÈS

RUNE

LES VAGUES

RUNE

L'ÉTOILE

ESPÉRANCE — PROTECTION

PREMIER QUARTIER

JOUR 7

Action

s'engager, s'investir

PREMIER CROISSANT

JOUR 3

Organisation

planifier, structurer

NOUVELLE LUNE
JOUR 1
Intention
exprimer, demander
30

Le 1er février
bientôt la lumière
IMBOLC
Le pouvoir de l'espoir
gestation, fertilité
24

Le 21 décembre — L'hiver est là

YULE

Le pouvoir du retour à soi

repos, essentiel

Le 31 octobre le Nouvel An

SAMHAIN

Le pouvoir du subtil

ancêtres, secrets

AVATAR MAGICK

Métamorphose

Incarner
Se révéler

LA ROUE DE L'ANNÉE

Cycles

Rythme

Timing parfait

LES ASTRES

Anticipation

Signes

Présages

18

LES ORACLES

Pouvoir

Libre arbitre

Manifester

Fais
CE QUE TU VEUX
tant
QUE TU NE NUIS
à
Personne
MaGick
2

CROIS EN TOI

&

Tu auras fait

LA MOITIÉ DU CHEMIN

Décuple ta puissance intérieure

1

Mon
GRIMOIRE
LE GRIMOIRE
Mémoires
Enseignement
Transmission
9

RUNE
LA FAUX
THE END
THE BEGINNING
54

RUNE
L'ENVOL
libérer
débloquer
45

LE PENDULE
Direction
Choix
Orientation
11

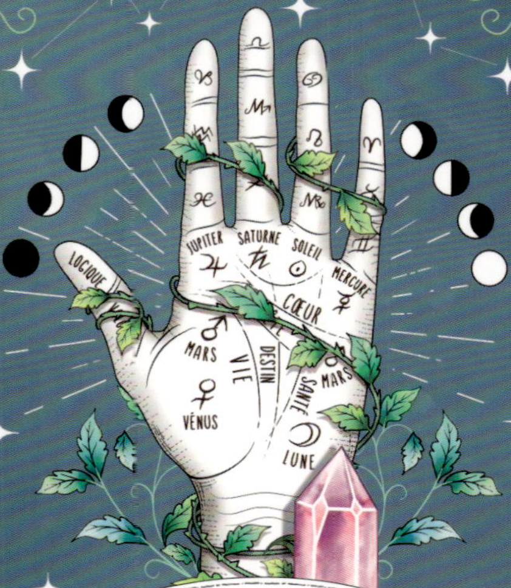

LA CHIROMANCIE

Identité

Se réinventer

Se dépasser

LE JOURNALING

Authenticité

Vérité

Vrai self

LES CRISTAUX

Guérison

Limites

Besoins

KITCHEN WITCH

Nourriture

Influences
Inspiration

L'AUTEL

Spiritualité

Retour à soi

Divin

JOKER TRICKSTER
38

LA CHANCE
TE SOURIT
39

OUI

RÊVE • ESPÈRE • OSE

Donne-toi

LES MOYENS

NON
STOP • ATTENDS • STOP
Donne-toi
LE TEMPS

PEUT-ÊTRE
LÂCHE PRISE
Continue à
AVANCER

Le pouvoir du renouveau

renaissance, réveil

Le 1er mai — la lumière

BELTANE

Le pouvoir de l'amour

simplicité, cœur, vivant

Le 21 juin l'été est là

LITHA

Le pouvoir de la lumière

briller, s'épanouir

Le 1er août — la générosité

Le pouvoir de l'abondance

récolte, richesse

Fin septembre l'automne est là

MABON

Le pouvoir de la gratitude

remercier, réserver

♉ ♍ ♑

MAGIE DE TERRE

Ancrage

Solidité

Sécurité

MAGIE D'EAU

Émotions

Imagination
Intuition

MAGIE D'AIR
Mental
Mots & pensées
Légèreté
6

MAGIE DE FEU

Feu intérieur

Motivation
Impulsion

LE CHAUDRON

Transformation

Magie & ressources intérieures

LA PURIFICATION

Nettoyage

Sérénité

Libération